SGUARDI SULL'ARTE
LIBRO QUARTO

Short Art Books

Gianpiero Menniti

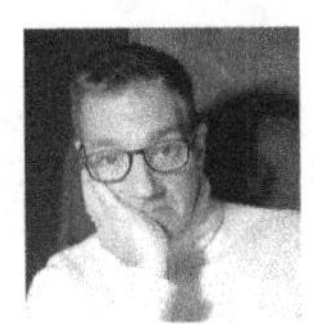

Codice ISBN: 9798813625350
Casa editrice: Independently published

A mia Madre

A mio Padre

"Credo che un vero amore per l'arte sia un dono, quanto il crearla; e può anche essere che entrambi scaturiscano dalla stessa sorgente mentale."

BERNARD BERENSON, "TRAMONTO E CREPUSCOLO"

SOMMARIO

PREFAZIONE

Questo "quarto" libro degli "sguardi" prosegue nella proposta di una raccolta di espressioni suscitate dalla visione di numerose opere.

A volte, seguendo il filo di un ragionamento.

Altre, lasciando scorrere liberamente la percezione.

Nulla di accademico.

Ma uno sguardo nettamente soggettivo dell'autore.

INTRODUZIONE

La collana "Short Art Books" è dedicata a brevi, scorrevoli interventi e saggi sulla storia dell'arte e sull'estetica dei fenomeni artistici, proposti in una modalità spesso insolita poiché inscritta nella percezione dell'autore e ricomposta nella forma di testi narrativi.

LA SCELTA

Accade.

Dentro due occhi.

In una terra d'incanto.

Corre tra stanze che serrano porte ad ogni passaggio.

Verso un fondo che ospita parola e silenzio, come cadenze struggenti di una danza senza fine.

E suoni, sussurri, grida.

E accenni soffocati.

E profumi acuti che invitano a sublimi sapori.

E poi, respiri affannati.

In attesa dell'impensato: il bacio sulla ferita.

Leonardo da Vinci (1452-1519): "Ritratto di dama" (particolare), 1490-1495, Louvre, Parigi

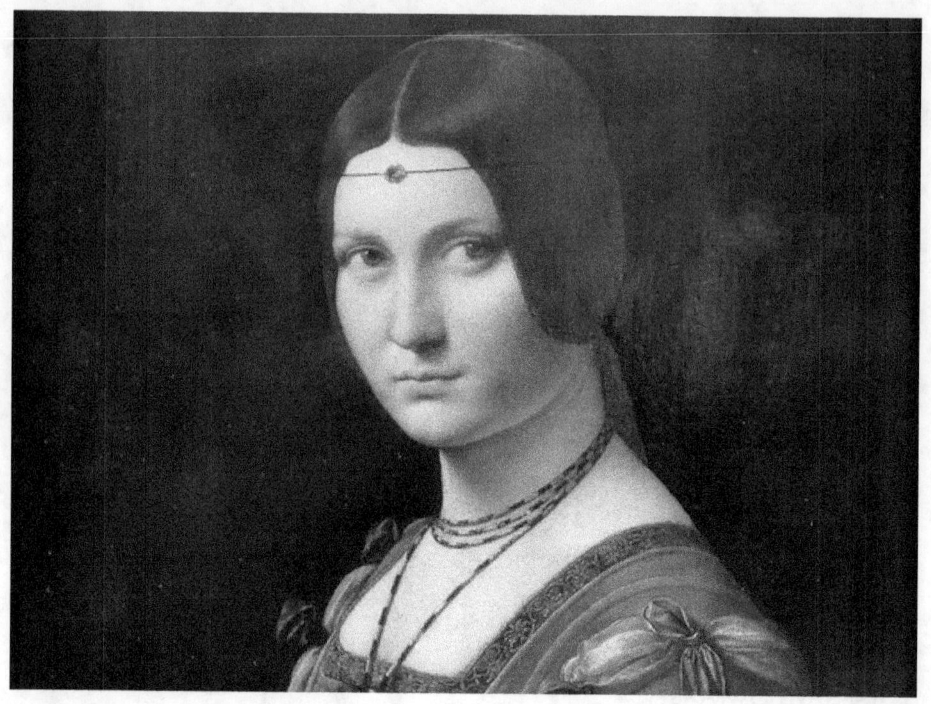

ATOPIA

Parola di origine greca, "ἀτοπία", può significare dislocarsi, essere fuori posto.

Direi, essere al di là di ogni luogo.

Direi ancora, lasciarsi trasportare in un "non luogo".

Questa irrazionale dimensione, appartiene all'amore, la follia più profonda che l'essere umano possa ospitare.

E la più seducente dalla quale farsi prendere, come Platone ammette nel "Simposio": «La follia dal Dio proveniente è assai più bella della saggezza d'origine umana».

Perchè Dio?

Per i greci e per la cultura religiosa antica, il divino è indeterminatezza.

Pertanto, il sacro era un'espressione di separatezza, distanza, divaricazione: tale doveva mantenersi, poichè la contaminazione tra l'umano e il divino causa la perdita di ogni legame con la realtà.

Tuttavia, come ogni follia, come ogni dimensione sacra, l'amore ci abita, resiste in un abisso enigmatico, oscuro, impenetrabile: non possiede parole che non siano infondate, deliranti, indecifrabili.

Gli amanti s'immergono in un mare senza luce.

Smarriscono ogni contatto con il luogo della presenza e scoprono il reale del pre-umano nel quale l'Io è inerme.

La donna angelo, cantata nei versi del "Dolce Stil Novo", rappresentava la ripresa dell'ancestrale tramite tra l'umano e il divino:

figura capace di indicare la soglia d'accesso alle stanze della follia.

Ma indispensabile guida.

Senza di essa, il poeta diviene colui che più rischia: passa la soglia, avendo per compagna solo la sua fragilità.

Come il Socrate narrato da Platone: vittima dell'atopia in chi è chiamato, con verità, a evocare l'amore attraverso le parole.

Sempre inadeguate.

Sempre povere.

Come Penìa, madre di Eros.

Come l'immagine che coglie un istante di separatezza dal mondo.

Come corpi che vibrano all'unisono.

Come lo sguardo ormai perduto di colei che scelse la dolcezza della morte alla crudeltà dell'assenza.

Sempre inadeguate.

Sempre povere.

Eppure, faticose tracce, scavate a mani nude in un baratro, terribile e meraviglioso.

Robert Doisneau (1912-1994): "Bacio davanti all'hotel De Ville", 1959

Egon Schiele (1890-1918): "L'abbraccio" o "Gli amanti", 1917, Österreichische Galerie Belvedere, Vienna

Amedeo Modigliani (1884-1920): "Ritratto di Jeanne Hébuterne", 1918, Collezione privata, Parigi

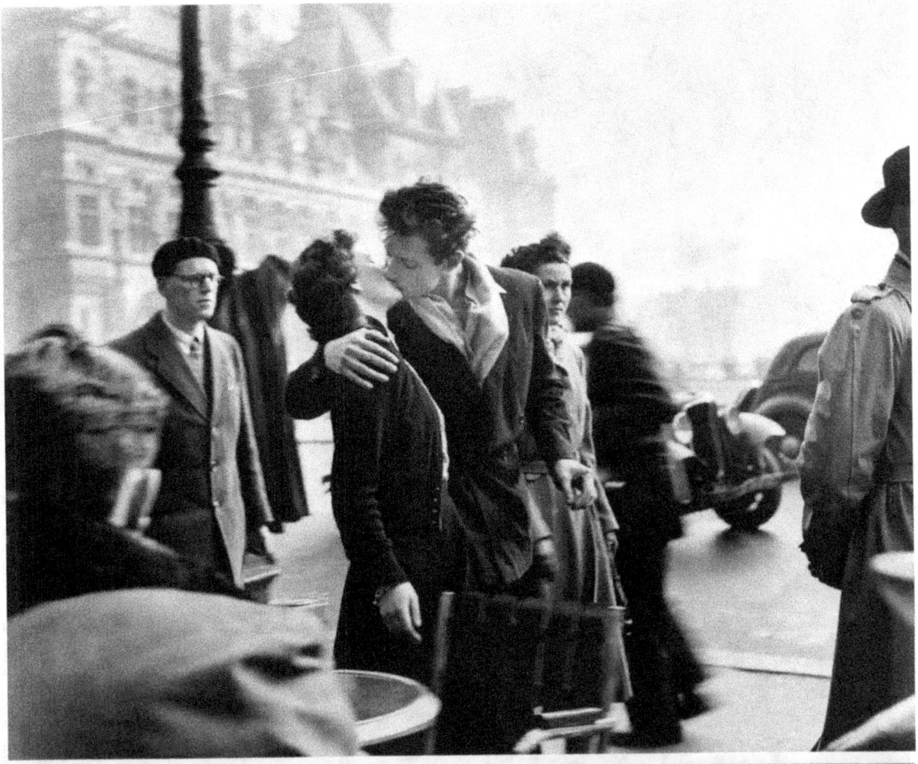

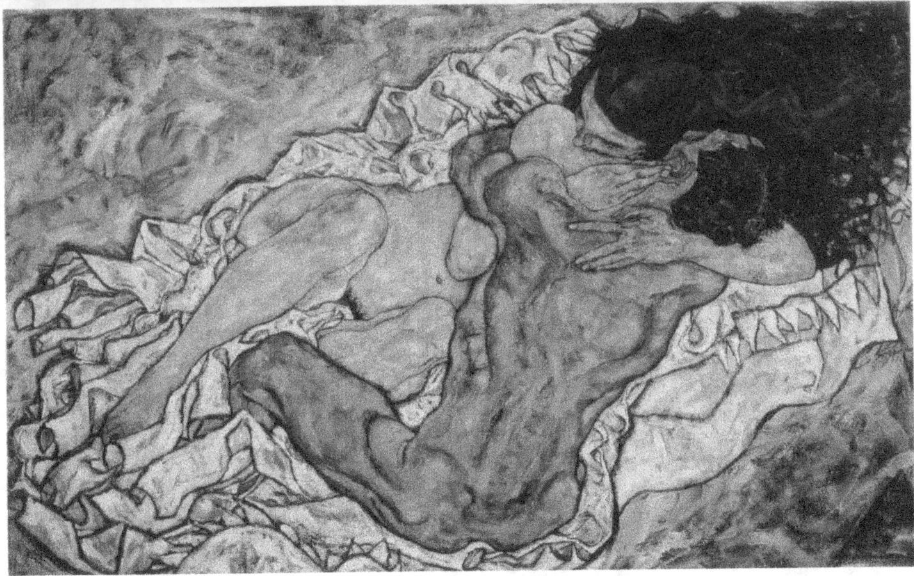

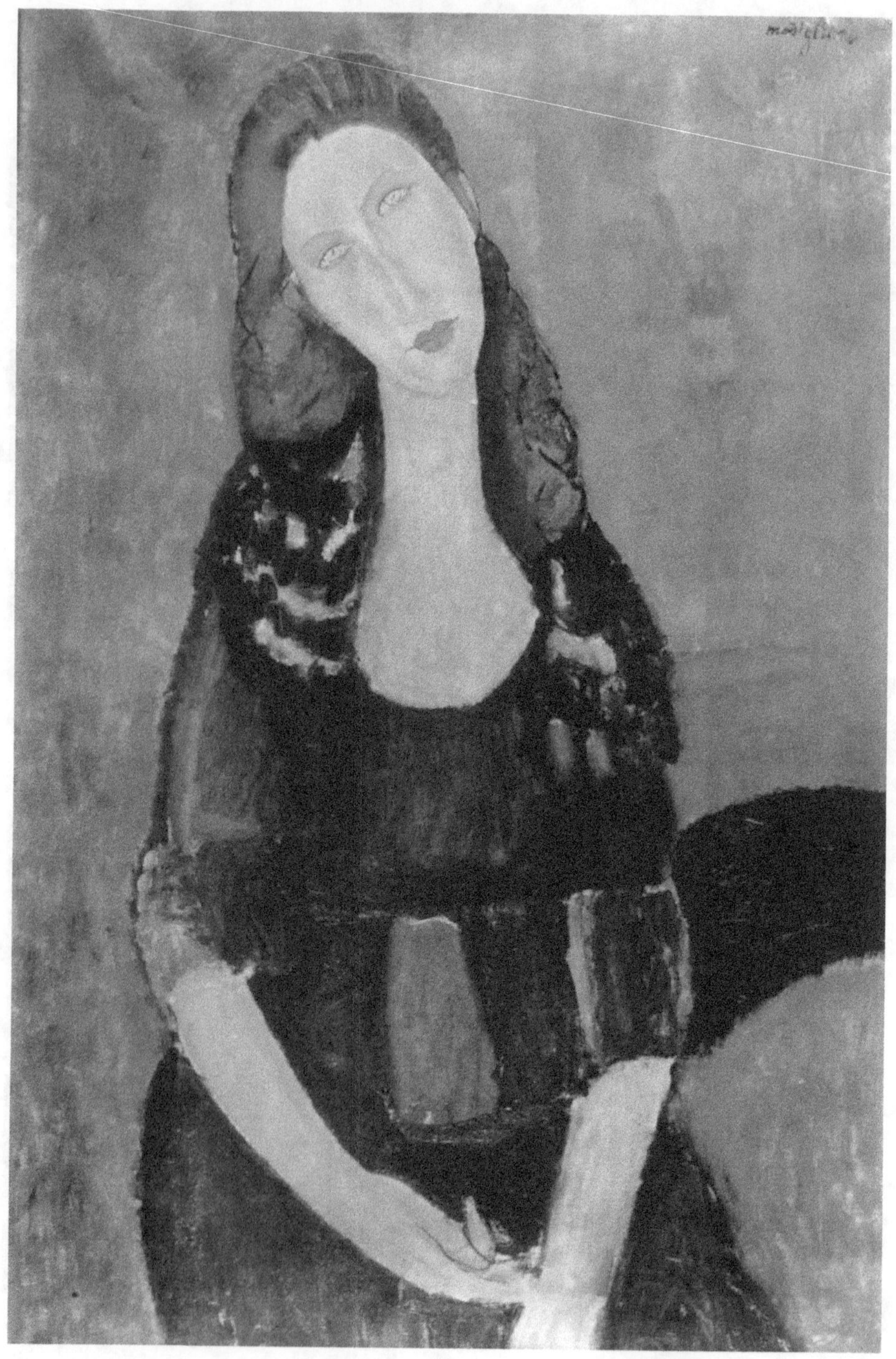

IL FREMITO

Sensualità.

Eterno dilemma.

Non bellezza esibita.

Ma tentazione accennata.

Non bellezza nell'istante.

Ma potenza nel gesto prolungato.

Si forma nelle pieghe del corpo.

Corre in ogni solco.

Anima silenziosi simboli.

Teatro di turbamenti improvvisi.

Accoglie.

Divora.

Ma è apice nella sferzata di un fremito.

Che dimora come brace perenne nella memoria.

Kitagawa Utamaro (1753-1806): "Flowers of Edo", 1800 circa; "Woman smoking a pipe", 1791-92; "The Fickle Type", 1792 circa

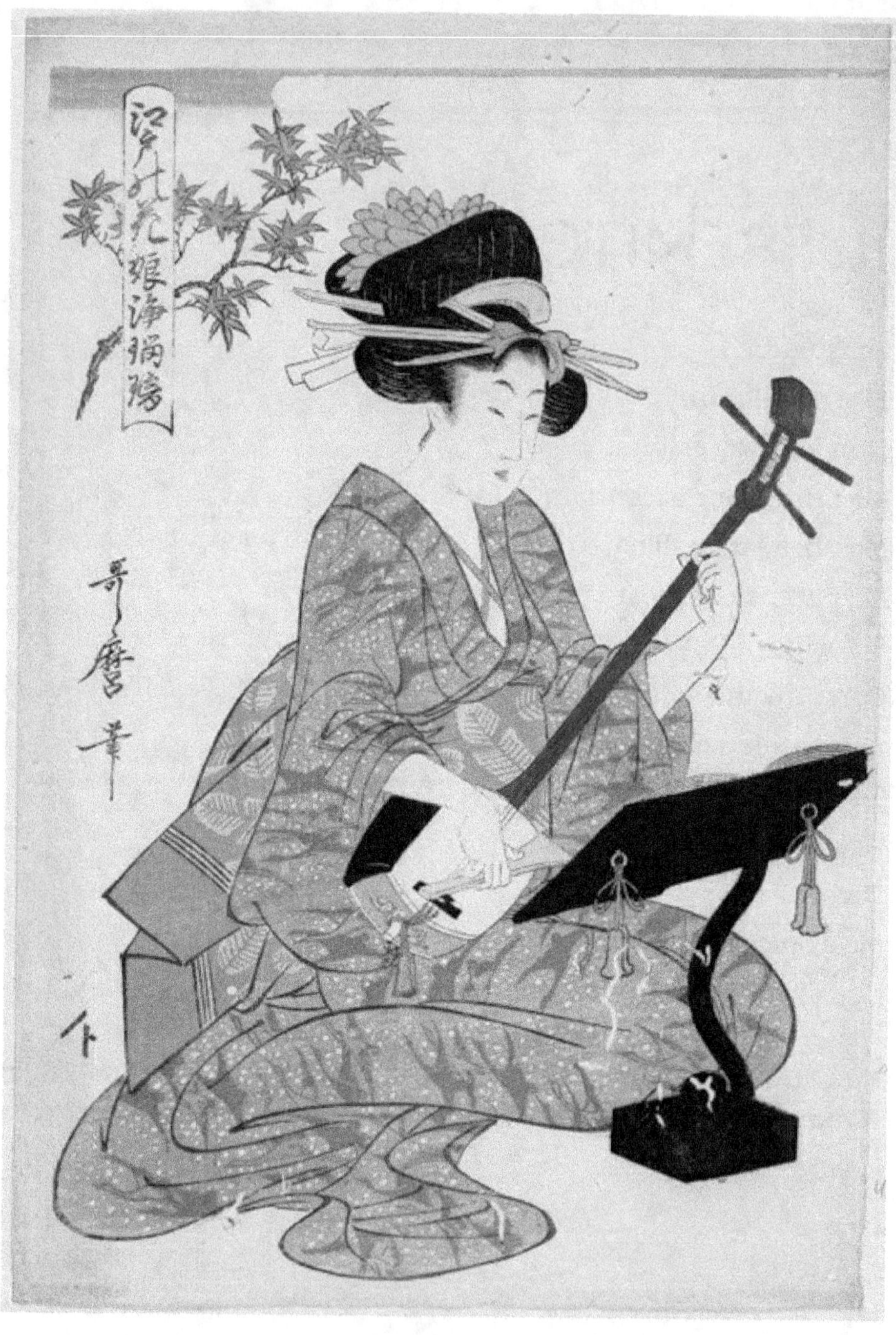

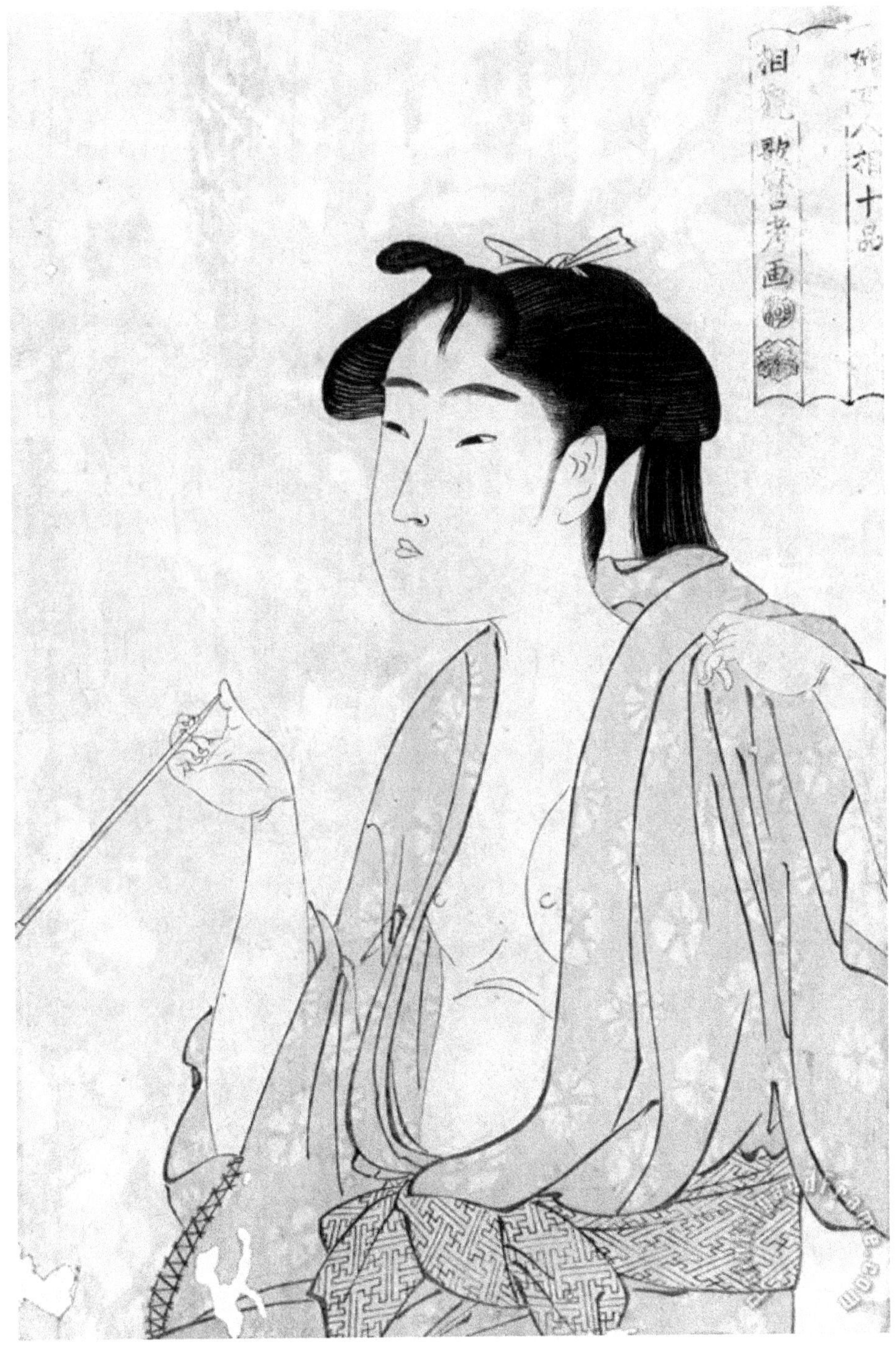

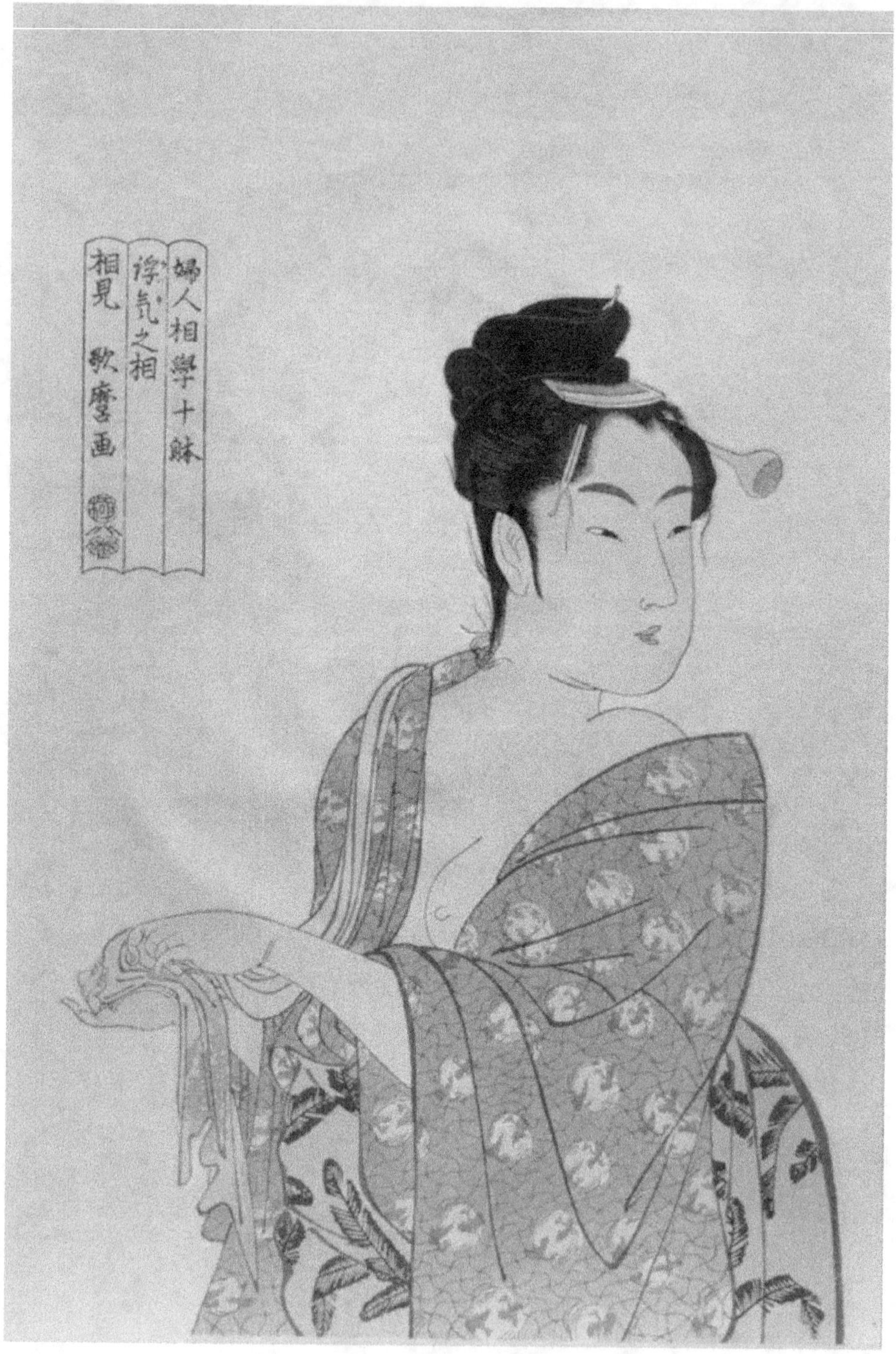

LA VERITA' DEL PARADOSSO

Vincitore e vinto.

Nessuna differenza.

Identico sguardo.

Identico destino.

Il '500, in una sola figura.

Benvenuto Cellini (1500-1571): "Perseo con la testa di Medusa", 1545-1554, Loggia dei Lanzi, Firenze

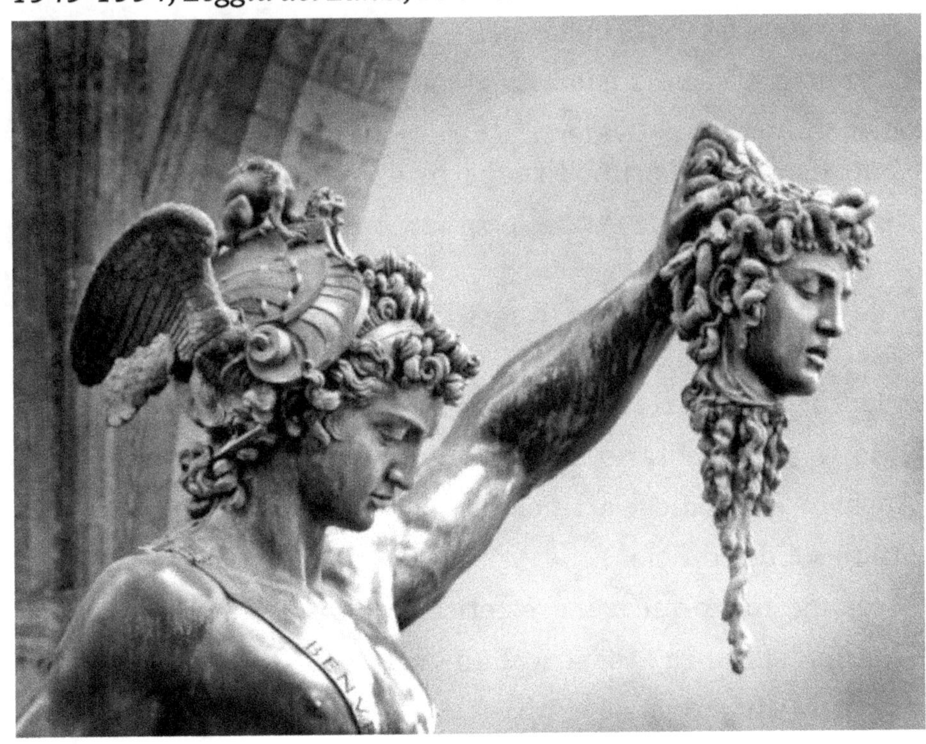

ELEGANZA

Ha una radice sintomatica: proviene da exelĭgĕre, derivazione di elĭgĕre "scegliere", col prefisso ex, "trarre da".

Un significato forte, deciso, impegnativo.

Non tutti lo apprendono.

Ma c'è qualcosa di più oltre l'etimo.

Si tratta di un aspetto dirimente nella vita di ciascuno: l'incontro con l'eleganza cambia per sempre ogni prospettiva, ci concede i primi tratti identitari, fino a definirci.

Non basta: c'è ancora qualcosa.

Le immagini si affastellano caoticamente.

Poi, cominciano a dividersi in campi distinti che hanno il medesimo disordine: il primo è l'apparire, l'altro è lo stile.

Apparire è luce che attrae lo sguardo e lo fa parlare: è un racconto.

Stile è ombra che seduce lo sguardo e ammutolisce: è un'immagine.

Apparire è la scena che si mostra a sipario alzato.

Stile è il gesto solitario e intraducibile dell'unicità.

Apparire è grandioso artificio.

Stile è solido edificio.

Si separa, anche qui: tra un'estetica del corpo e l'altra di pensiero.

Eppure, l'eleganza è inestricabilmente duale.

Apparire è il lato senza volto.

Stile è il lato che mostra il volto.

Eleganza è sempre verità.

Man Ray (1890 - 1976): "Le Violon d'Ingres", 1924, Museo Nazionale d'Arte Moderna, Parigi

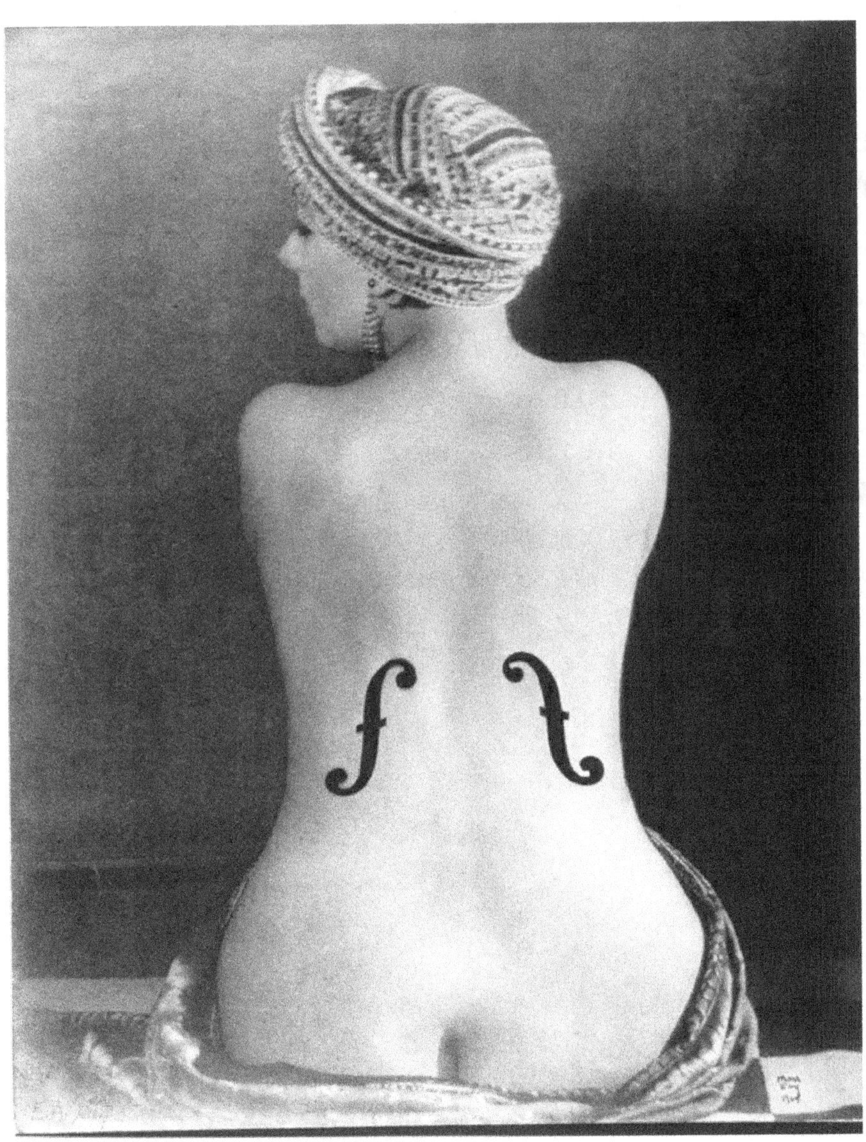

NERO DI DONNA

Il nero possiede due mondi.

Uno vive nell'assenza di luce.

L'altro vive nella luce.

Nel primo respira l'anelito alla luce.

Nel secondo resiste all'impero della luce.

Creando.

La forma è luce sfregiata dalle tenebre.

Così, il nero formula un invito.

A non dimenticare che l'immagine è frantumata traccia di mistero.

Édouard Manet (1832 - 1883): "La viennese. Ritratto di Irma Brunner", 1881, Museo d'Orsay, Parigi

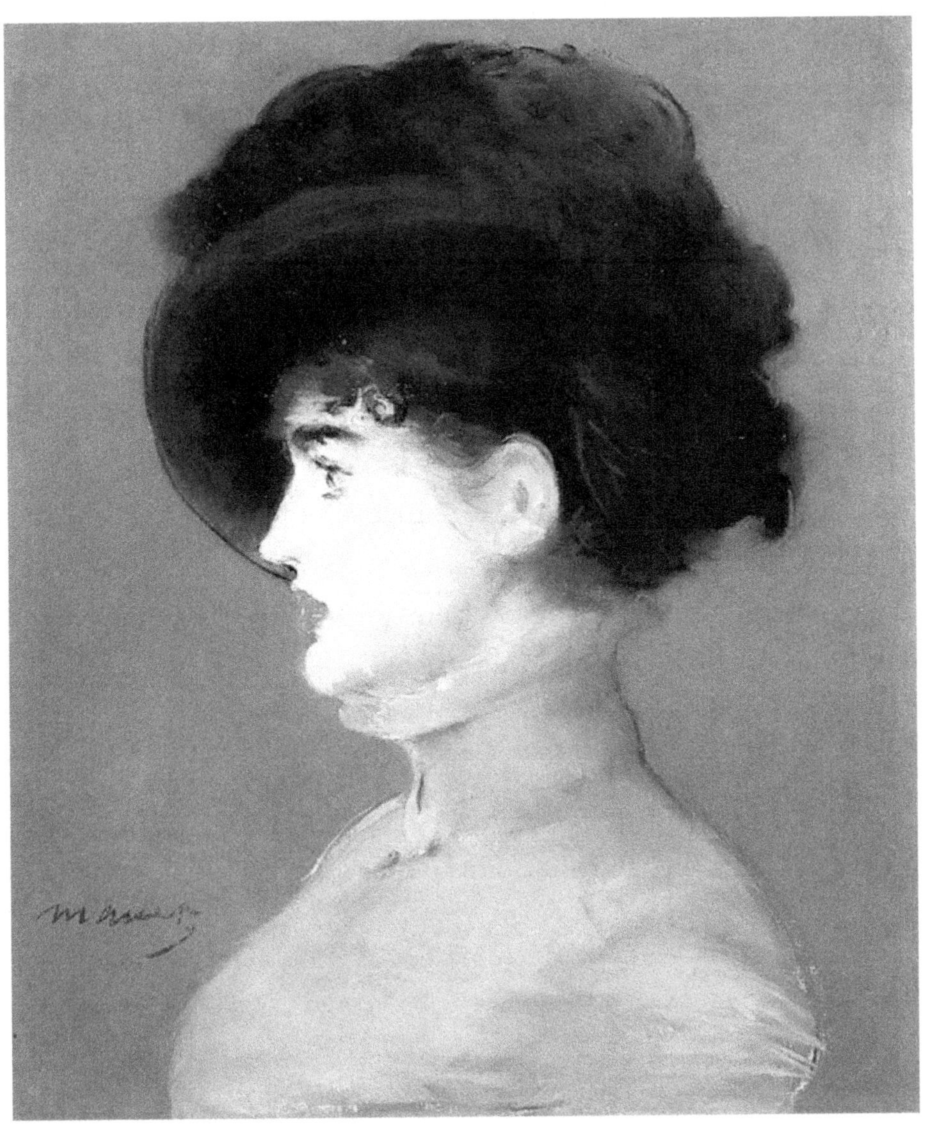

IL COLORE DEL VENTO

Sono cresciuto nel vento.

Della mia città, Catanzaro.

Delle estati su uno spicchio del Mar Jonio.

A catturarlo nelle vele, con timore incosciente.

Terribile buon amico.

Echeggia nella memoria ogni sibilo.

Racconto di storie senza parole.

Immagine di colori antichi.

Attende.

E io attendo lui.

Polvere sollevata tra i mille colori della terra.

I dipinti sono di Franco Azzinari (1949), calabrese, "pittore del vento"

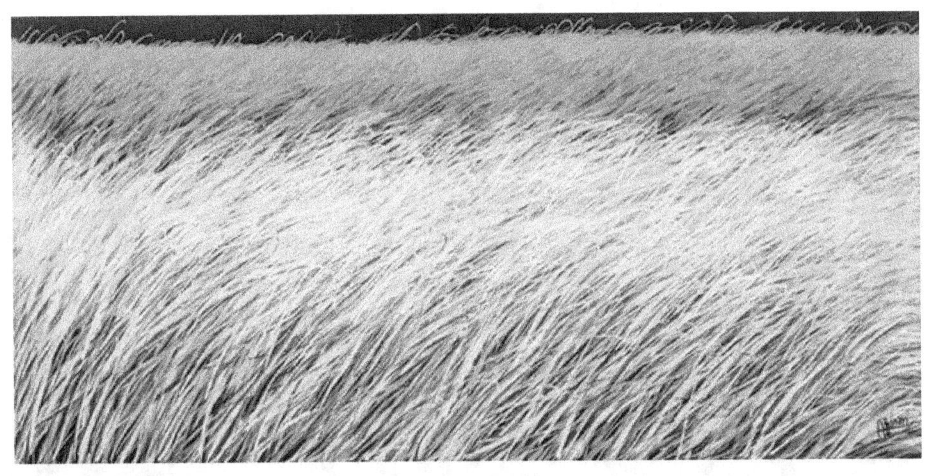

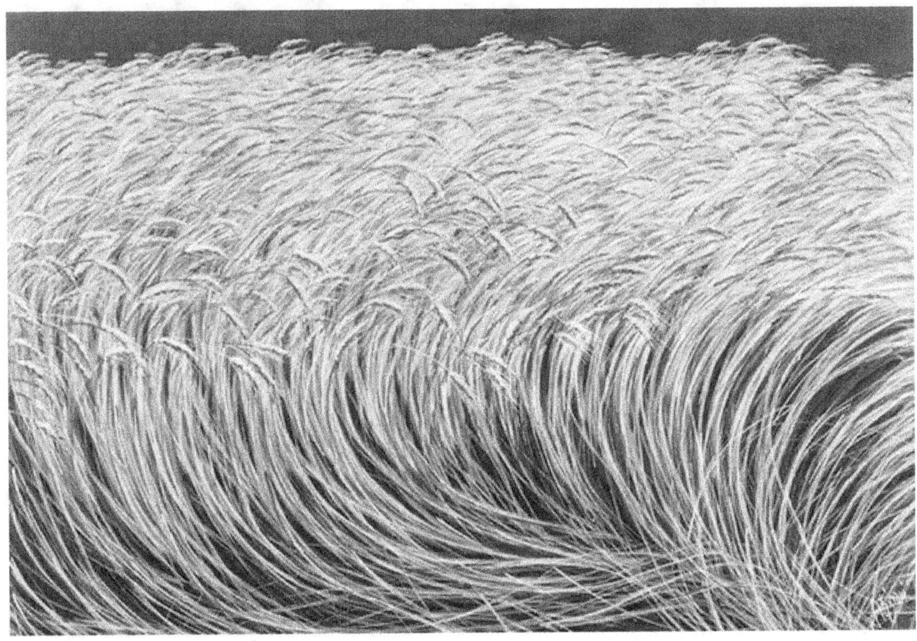

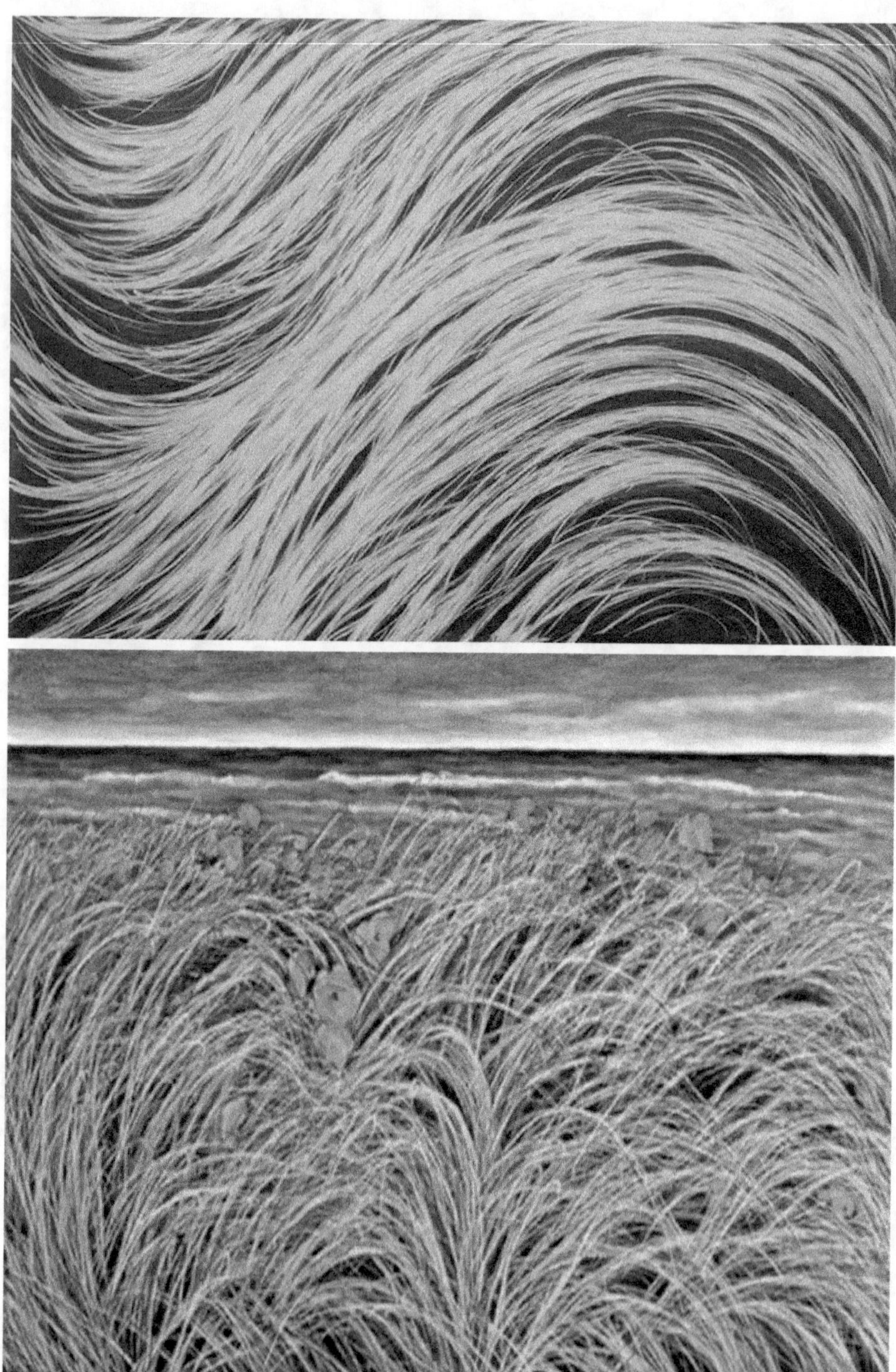

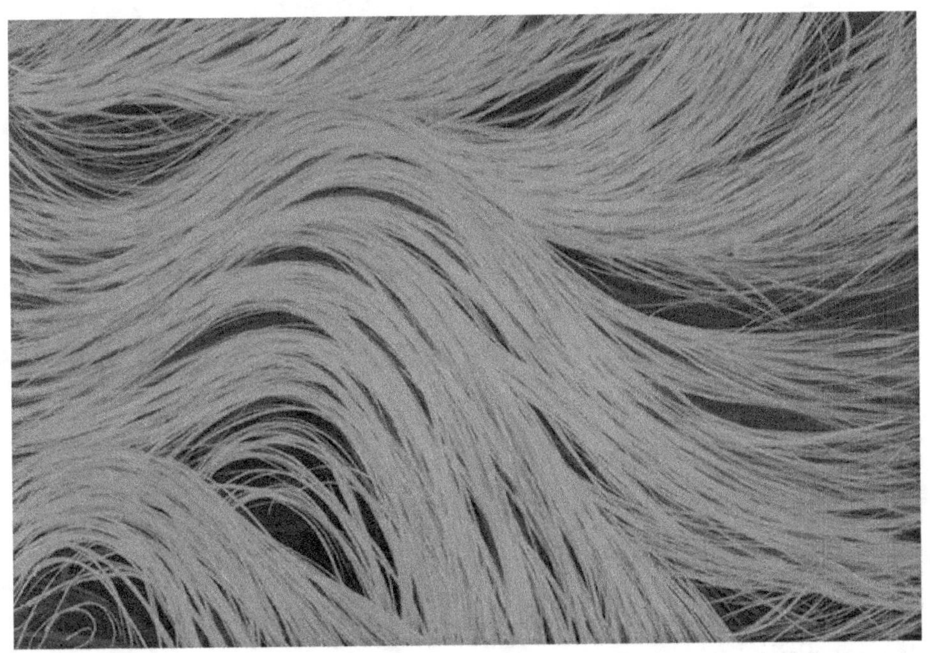

SOGNO SENZA SONNO

Magritte sogna.

Ma non è interessato al significato.

Il suo oggetto è il "significante".

Le forme che appaiono durante il riposo della coscienza.

Inusuali.

Immaginifiche.

Impossibili.

Oltre la "realtà", nello spazio del "reale", le forme tracciano se stesse libere dalla necessità di essere.

Non più abitudine ai modelli razionali ma salto nella sacralità dell'indeterminato.

Ogni oggetto conosciuto muta la sua funzione.

Scegliendo infinite possibilità.

Così, il sogno insegna una grammatica.

Che Magritte apprende e con la quale scrive i suoi testi pittorici.

Regalando alla tela un "logos" estraneo a ogni semantica.

René Magritte (1898-1967): "Stato di veglia", 1957-1958

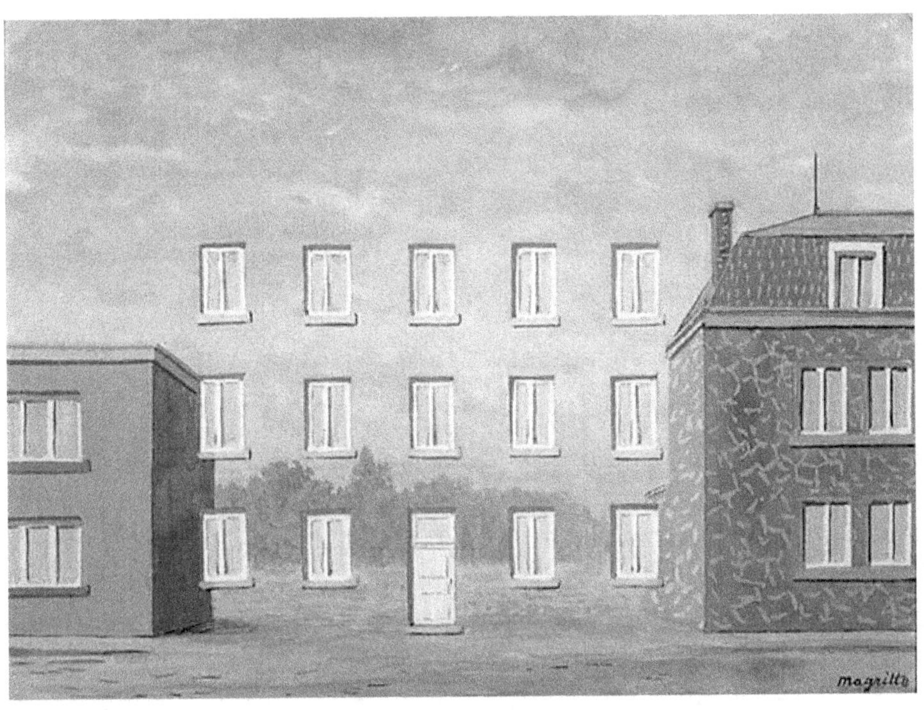

DOGMI

La fede cristiana vive di paradossi.

Grandiosi paradossi.

Dio si fa uomo e pur compiendo il sacrificio da "uomo vero" - «*Et Verbum caro factum est et habitavit in nobis*» (Giovanni 1,14) - non scioglie la sua Assolutezza.

Così, Maria, madre vergine, partorisce il "Figlio", del quale intuisce la sofferenza cui è destinato.

Paradossi.

Come lo è la fede nell'assunzione di Maria in Paradiso, corpo, come è accaduto per il corpo di Gesù, risorto.

Dogmi di fede.

Ma fede e ragione non sono in conflitto nell'esperienza concettuale dell'Occidente cristiano: sono fiori intrecciati sul terreno della conoscenza.

Poiché la conoscenza è quanto s'imponga al cristiano insoddisfatto di ogni "superstizione" (super-stare, stare al di sopra) e che voglia indagare una fede che pur mai sarà, nel corso della vita, perfetta conoscenza del divino, come già insegnava Tommaso d'Aquino.

La ricerca del fine ultimo è sempre ricerca "metafisica".

Qui, il punto d'incontro: anelito che fonda lo spirito filosofico e teologico dell'Europa e del nostro essere tutti espressione e testimonianza antropologica dell'evento cristiano.

Evento che possiede nel suo più profondo significato, il segno dell'Amore capace di vincere anche l'onnipotenza, l'assolutezza, la trascendenza, la separazione dal sacro.

Tutta la "Commedia" dantesca ha il suo centro in questo concetto.

Ed è in questo solco che occorre considerare anche l'assunzione della Vergine, corpo offerto all'Amore, corpo che in nome dell'amore non si dissolve, corpo che giunge a vedere «*L'amor che move il sole e l'altre stelle*» (Dante Alighieri, Commedia, Paradiso, XXXIII, v. 145).

Dogmi dell'Amore.

Antonio Allegri detto il "Correggio" (1489-1534): "Assunzione delle Vergine", 1524-1530, particolare, Cupola del Duomo di Parma

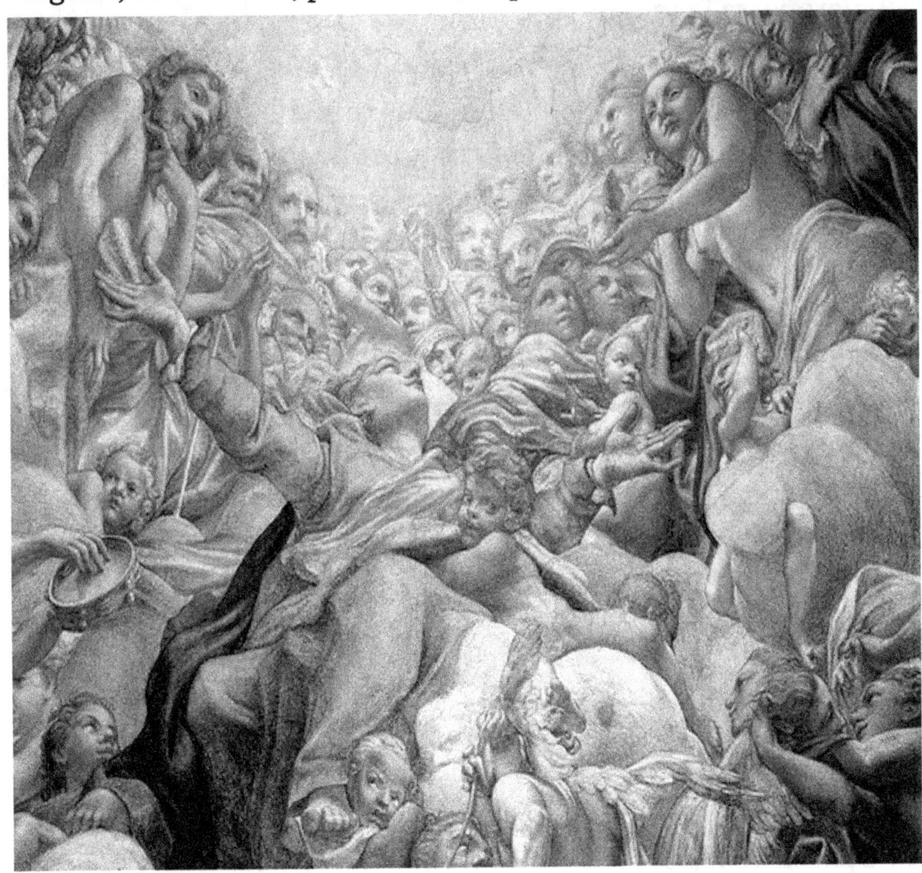

LA DOMANDA INFINITA

Cos'è l'ente?

Perché esiste l'ente e non il ni-ente?

Mai trovata una risposta convincente.

L'ha cercata la filosofia.

L'ha proposta la religione.

Aristotele non si limitò a enunciarne le famose dieci proprietà: lo propose per ciò che esso era prima di ogni predicazione.

Dunque, l'ente, per se stesso. "Kat'auton".

Mosè, nel Libro dell'Esodo chiede a Dio: «*Come ti chiami?*».

La risposta è: «*Io sono colui che sono*».

Anche in questo caso, "Kat'auton", "per se stesso.

Così, ben si comprende perché il cristianesimo abbia fatto proprio il pensiero aristotelico.

Ma non solo.

Già Platone, nella "Settima Lettera", aveva intuito come la domanda sull'ente contenga un'aporia, una strada senza uscita: un "quinto" elemento della conoscenza della "cosa ultima" che esula da ogni possibilità di esposizione logica, da ogni possibile uso della parola.

Sarà il "noumeno" di Kant.

La parola manca.

Ma non all'arte.

Che possiede il fragore di un fulmine muto.

Non risponde alla domanda.

Eppure, rende "visibile" il "pensabile".

Le immagini rivelano due opere di Claudio Parmiggiani (1943…): "Il faro d'Islanda", 2000, periferia di Reykjavik e "Senza Titolo", 1995, Galerie Meessen de Clercq, Bruxelles.

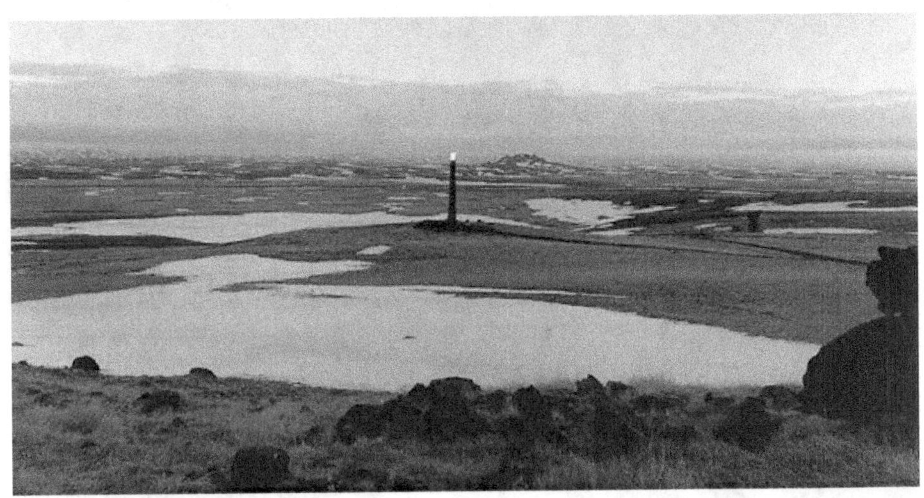

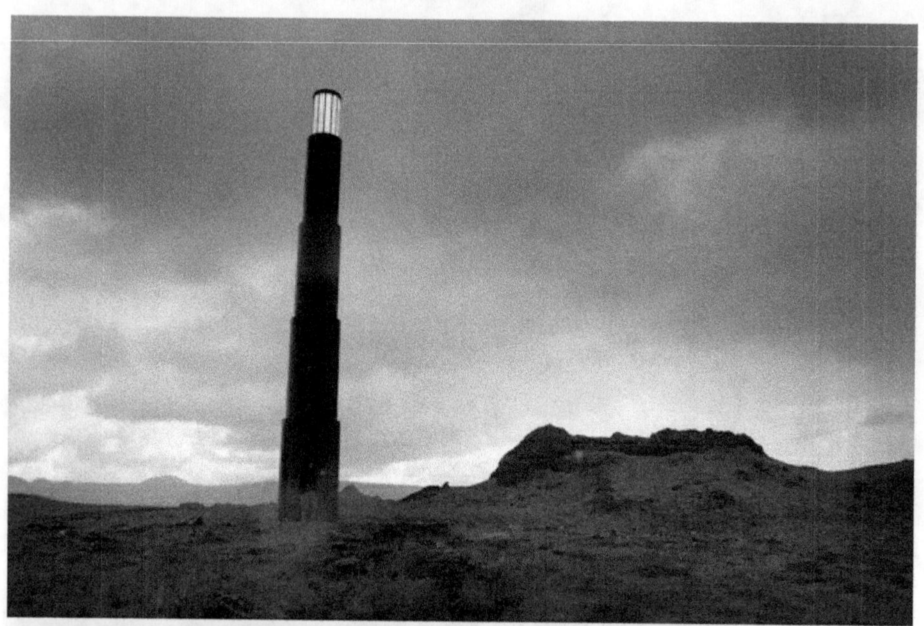

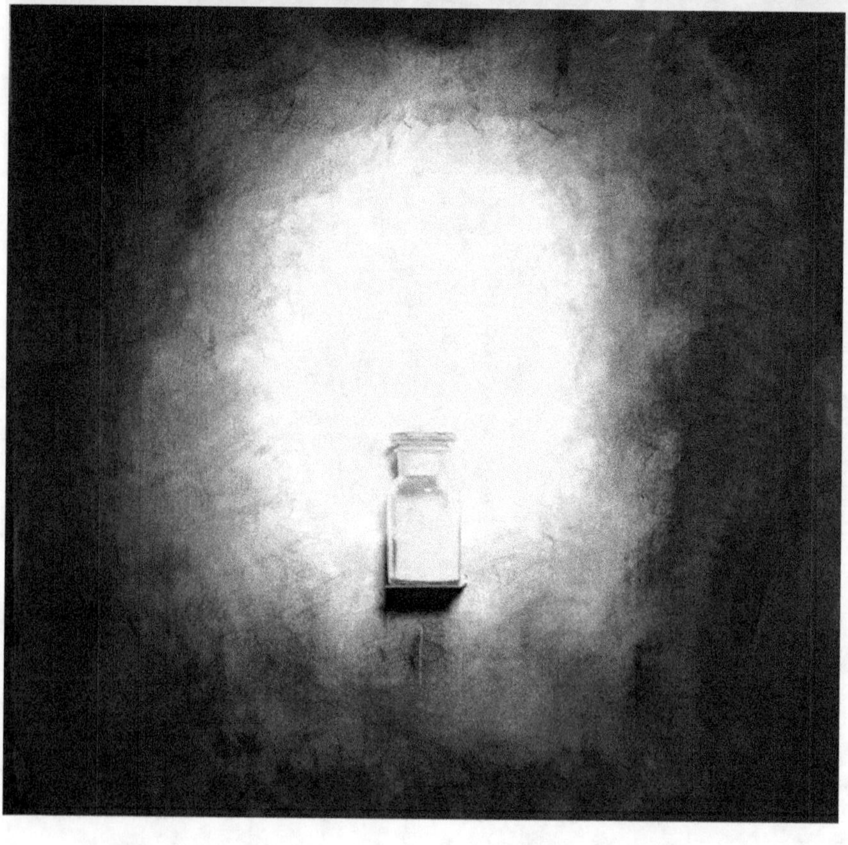

LA FINE DELLE UTOPIE

Forse qualcuno saprà che l'originario titolo di "Les demoiselles d'Avignon" (1907, oggi al MoMA, New York) dipinto da Pablo Picasso (1881-1973) fosse: "Il bordello filosofico".

Un ossimoro?

No, se identifica un luogo di piacere con la facoltà del pensiero di espandersi senza limiti.

Sì, qualora intenda un abbandono arrendevole e infecondo.

La filosofia è ricerca incessante.

Ed è tale per necessità: incontra delle "aporie", strade sbarrate da un confine invalicabile. Luoghi inaccessibili.

L'arte, sempre, è ricerca: incessante produzione concettuale capace di esprimere domande senza risposta.

Fenomenologie del noumeno.

Aporie.

Così, finita ogni fede nella bellezza, assieme a questa si consuma ogni altra fede.

L'utopia delle "avanguardie storiche", formidabile epopea di un bordello decadente, s'illude di aprire una scena oltre la quale, Picasso, mostra l'apparire del nulla.

È la scena oltre la tenda alla quale le figure danno le spalle: il punto di arrivo del pensiero.

"Les demoiselles" svelano la fine dell'utopia.

I loro volti, come maschere apotropaiche, rivelano la morte come estremo abbandono.

Tutto il '900 in una tela.

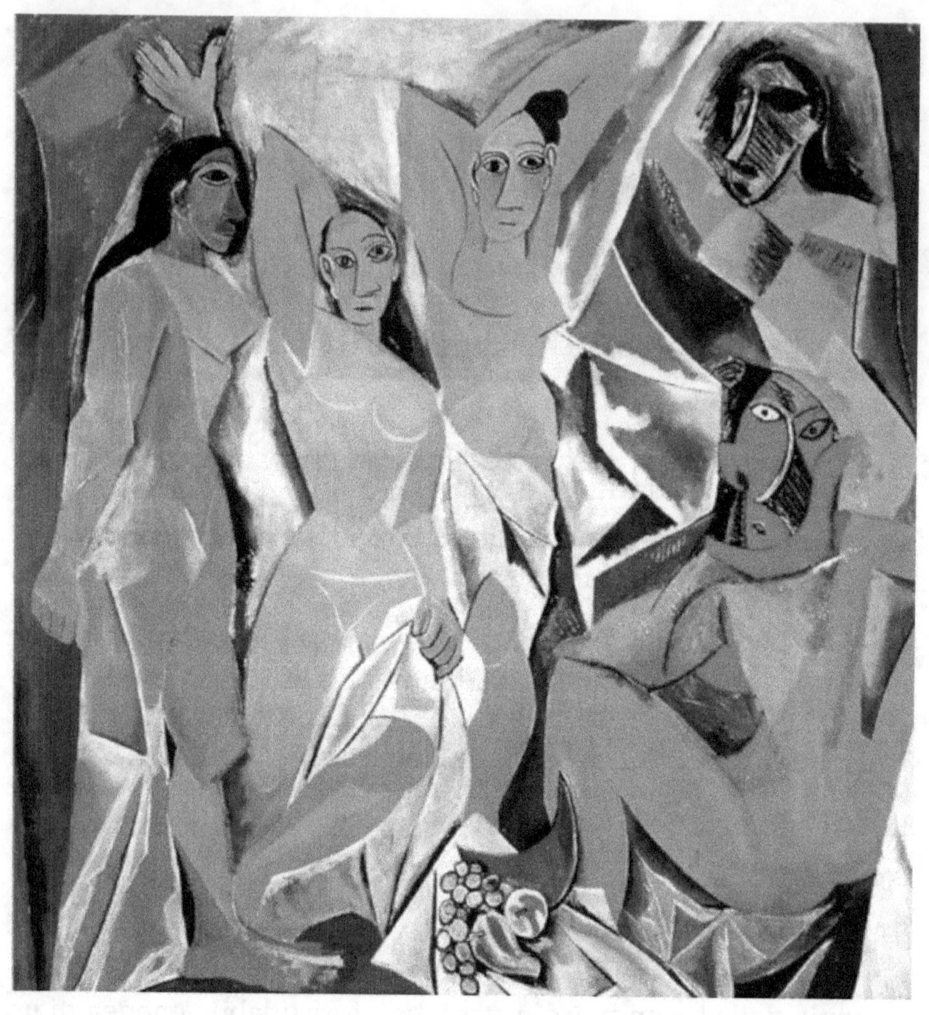

LA SCENA FURIOSA

Nel '500, epoca assiale.

A Venezia, città crogiolo di culture, tra Oriente e Occidente.

In un'età, il "Rinascimento", nella quale l'utopia del divino come purezza che salva era anche incolmabile distanza dalla miseria umana.

In una società sempre più rivolta all'immagine come artificio emozionante che vela ogni riflessione sul trascendente.

Ecco, in quel tempo e in quel luogo, appare "Tintoretto" (al secolo Jacopo Robusti, 1519 - 1594), pittore della scena mai placata, mai commisurata all'armonia, sempre dichiaratamente impetuosa e istintiva, dominata dallo spettacolare, dal teatrale, dal flusso del racconto drammatico di ombra e di luce, dalla folla brulicante che sporca la bellezza architettonica e contrasta i volti angelici.

L'orrido e il bianco rilucente.

Il colore e la macchia.

Terra e cielo.

Corpo e leggerezza.

Morte e speranza.

Tintoretto apre e chiude il suo tempo.

Ne fa un "kairos" (καιρός).

Segna la "maniera".

Ma chiama già per nome il "barocco".

"Crocifissione", 1565, Scuola Grande di San Rocco, Venezia

"San Rocco risana gli appestati", 1549, Chiesa di San Rocco, Venezia

"Miracolo di San Marco" o "San Marco libera lo schiavo", 1548, Gallerie dell'Accademia a Venezia

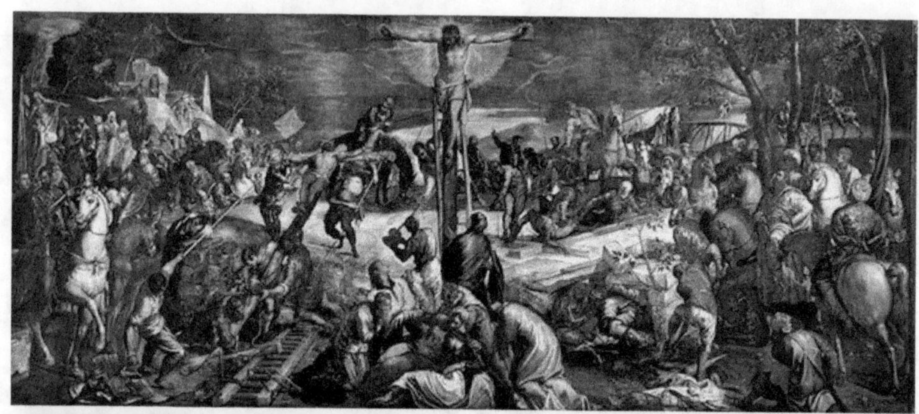

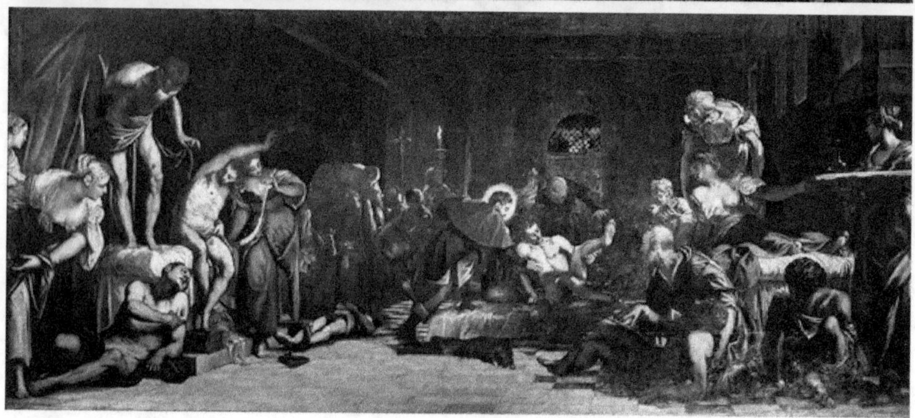

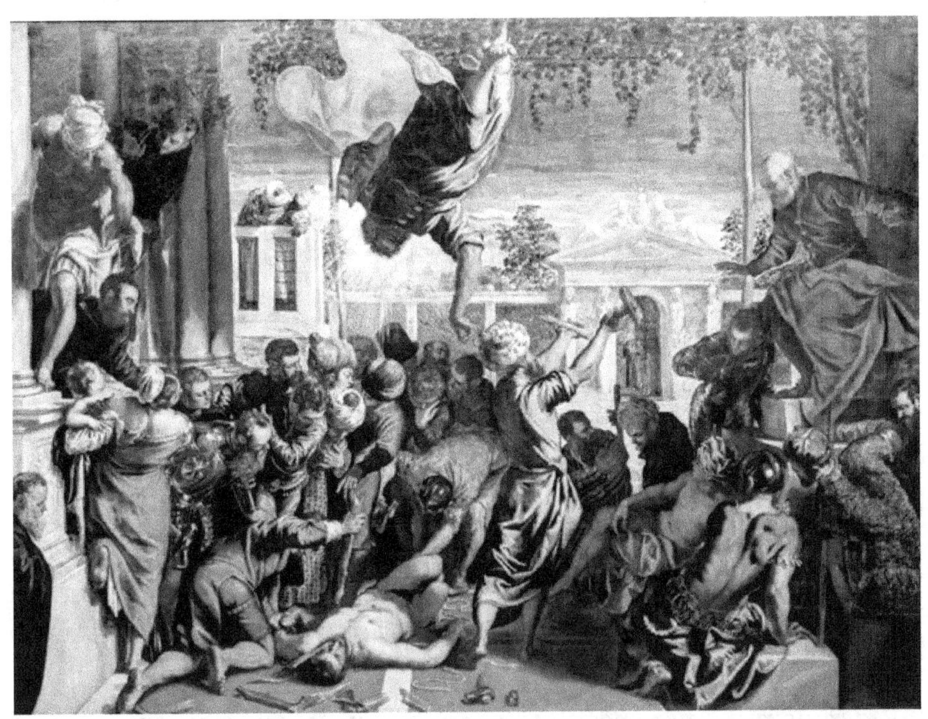

L'ENIGMA PERENNE

Il pensiero occidentale è segnato da un evento che lo ha "deciso": la rivelazione cristiana.

È un fatto.

Tra i primi testi che compongono il cosiddetto "Nuovo Testamento" compaiono le "Lettere" di Paolo di Tarso.

Nella "Prima Lettera ai Corinzi", capitolo 13, versetto 12, è scritta una frase che può essere assunta a modello del pensiero cristiano e occidentale:

«Videmus nunc per speculum et in enigmate, tunc autem facie ad faciem».

«Ora vediamo le cose attraverso uno specchio, per enigmi, ma un giorno le vedremo faccia a faccia».

Questa la traduzione più comune.

Significa che l'esperienza della rivelazione possiede un limite.

Il "logos" umano non è misura sufficiente alla conoscenza perfetta: la conoscenza della "visio facialis" di Dio.

Questo modello di pensiero rappresenta il confine invalicabile nel tempo secolare.

Ma ne costituisce anche la sfida.

Il grande idealismo tedesco culmina, nella conciliazione degli opposti, alla spiegazione che annulla ogni mistero.

La "sintesi" hegeliana è la conoscenza.

Lo specchio di Paolo non è più una superficie limpida eppure resa in frammenti: è riflesso unitario.

L'intelletto, che possiede il "logos" della natura, è "physis" svelata.

Nessuna "Apocalisse".

Nessun "Giorno del Signore" dovrà venire.

La verità è nelle "cose" che sono e che sempre sono state.

Il passato è il presente.

Il futuro è già nel passato.

Nessun fine.

Ma un inarrestabile in-finito.

Così, "la croce è vuota".

Il nostro tempo, tra XX e XXI secolo, crede di aver inventato e compreso l'abisso del nulla.

Non è vero.

Il '500 di Giorgione aveva già intuito e mostrato.

Il giovane, seduto davanti al baratro buio della grotta, tiene in mano le formule matematiche del cosmo: è placato, conosce.

I profeti del passato sono alle sue spalle.

Il passato è ordine.

Anche se di una fitta foresta.

È allusione che indica.

Dunque, il futuro non è più dis-ordine del buio.

Non è più indeterminatezza.

La luce è già alla portata della contemplazione intellettuale.

Eppure, nessuno la osserva.

Lo sguardo rimane sull'enigma perenne.

Rimane "appeso alla croce".

Giorgione (1478 - 1510): "I tre filosofi", 1508-1509, Kunsthistorisches Museum, Vienna

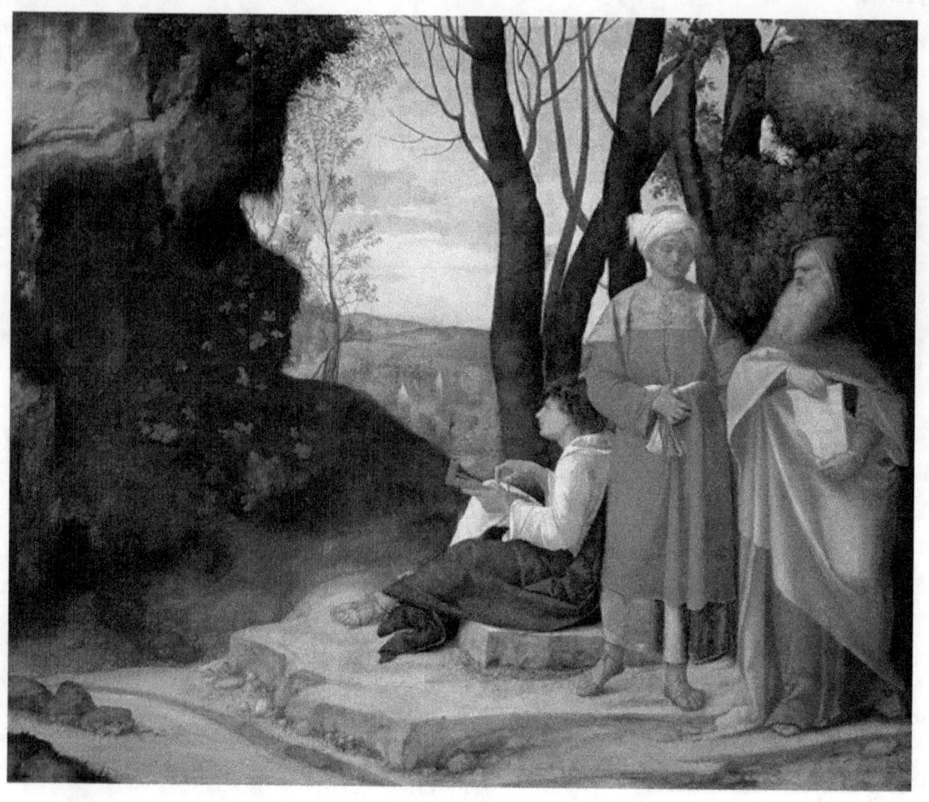

OBLIO E MEMORIA FUTURA

Due dipinti.

Medesimo periodo.

Due artisti.

Medesimo soggetto.

Due concezioni del tempo.

Cézanne tenta l'impossibile: le forme, i fenomeni, nel loro apparire im-mediato, come pura percezione.

L'oggetto nell'istante della visione, un attimo prima che la memoria lo riconosca.

Monet predice Bergson: il passato è già "slancio vitale" verso il futuro.

L'oggetto è solo l'istante che si accumula sotto l'istante successivo: un istante perenne.

Il primo è oblio che riscopre.

Il secondo è memoria che avanza.

Tracce nascoste di mondo, portate in luce.

Paul Cézanne (1839 - 1906): "Natura morta con frutta", 1879-1880, Ermitage, San Pietroburgo

Claude Monet (1840 - 1926): "Natura morta con pere e uva", 1880, Hamburger Kunsthalle, Amburgo

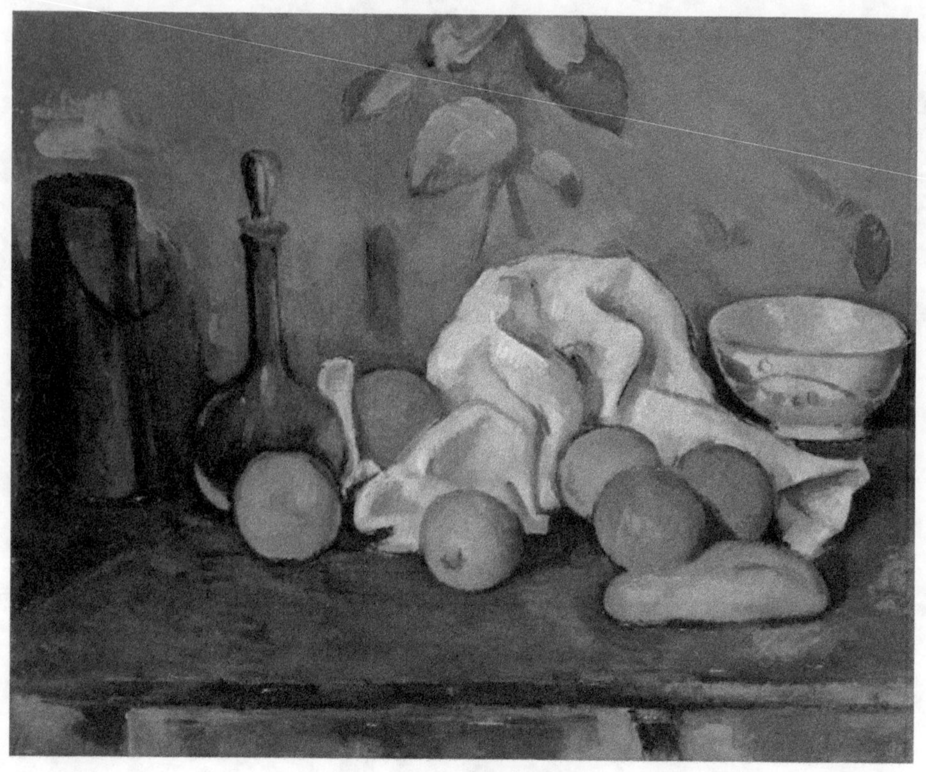

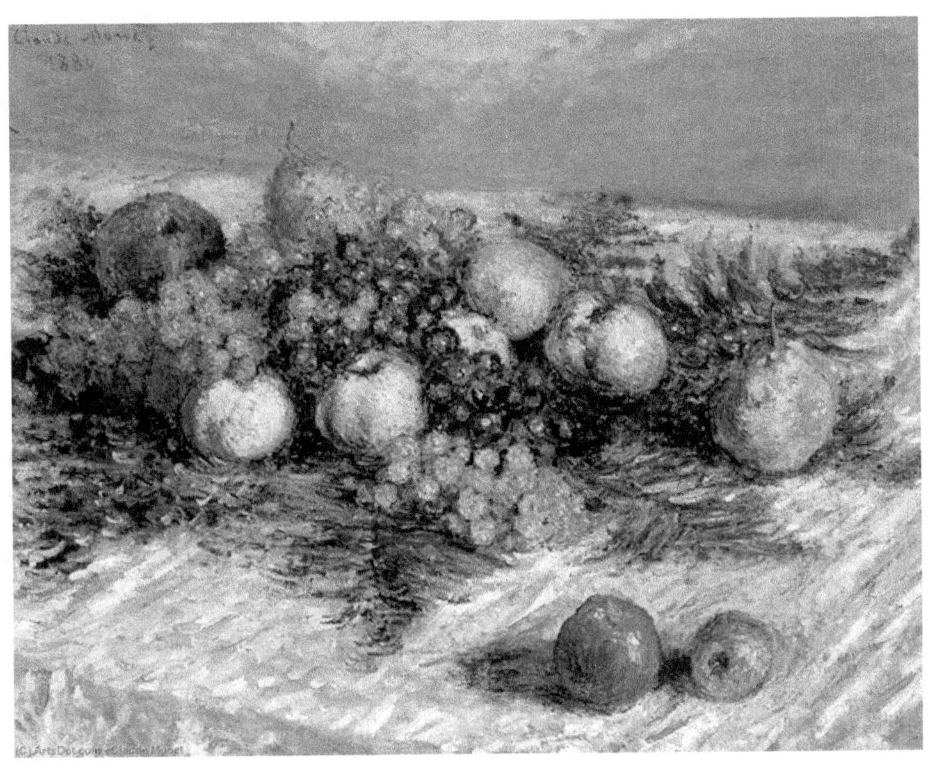

ETERNO RITORNO

La pittura, per secoli, ha racchiuso in sé il tutto: intuisce, grandiosamente.

Tra la fine dell'Ottocento e i primi del Novecento, la pluralità esplode e si diffonde: il "servo" si libera dal "padrone" e chiede simmetria, riconoscimento.

Ma è solo un passo della soggettività: non si avvede della matrice.

Non è questione di tecnica o di espressione: si tratta di contenuti, già presenti, da sempre.

Anche il "fumetto" era inscritto nell'arte, fin dai suoi albori.

L'arte intuisce.

È intuizione continua che scopre se stessa, senza riuscire mai a farsi concetto.

Nel suo limite, un meraviglioso, ineffabile varco sulla vastità in attesa.

Roy Lichtenstein (1923-1997): "Crying Girl", 1963, collezione privata

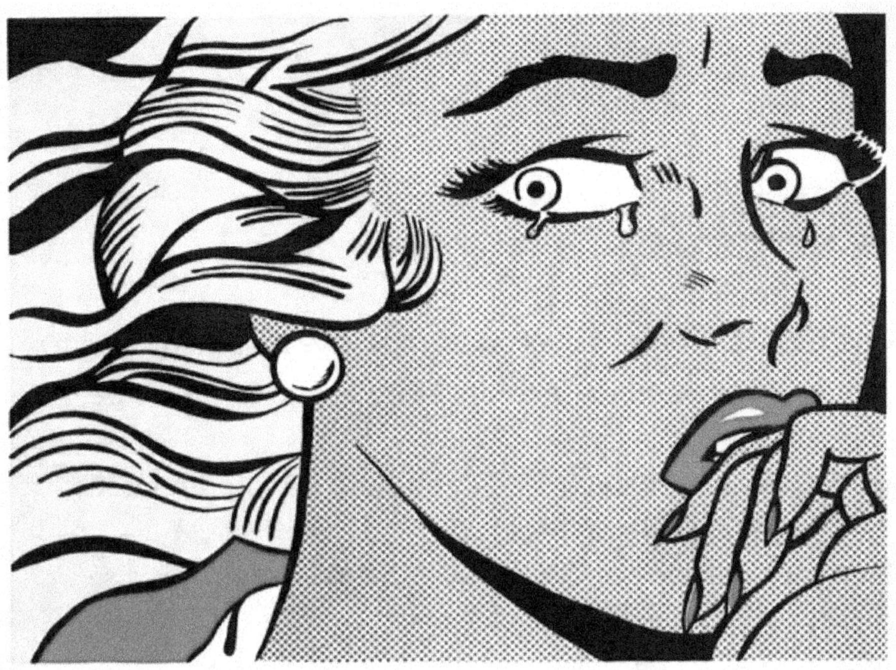

ATTESA

Una frase di Borges mi ha condotto su rive inopinate:

«Stare con te e non stare con te è l'unico modo che ho per misurare il tempo».

La percezione cronologica è annullata: il tempo è vissuto solo nella gioia della relazione.

Il tempo di un evento, "cade" dal suo flusso e fa storia a sé.

Oltre questa, è assenza, non è storia.

Così, ogni evento di valore è segnato, ai suoi confini, da uno stato di sospensione.

Il "prima" e il "dopo", non "ac-cadono".

Essi sono necessità, profezia, memoria.

Immobili, attendono.

Come frecce tese sull'arco.

Non sono l'evento, ma le sue figure.

L'arte coglie il nesso e dà forma al simbolo.

In sé, è già racconto.

Il mito, ancestrale creatura, non è altro che "pre-figurazione".

Ecco la ragione dell'immagine di "Iliade" in un celebre dipinto.

Nessuna grandiosità.

Niente pathos.

Solo lo sguardo, fatale, maliardo, consapevole della seduzione che attira verso ogni abisso.

Jean Auguste Dominique Ingres (1780-1867): "Iliade, studio" (collezione privata) coeva a "Apoteosi di Omero", 1827, Louvre, Parigi

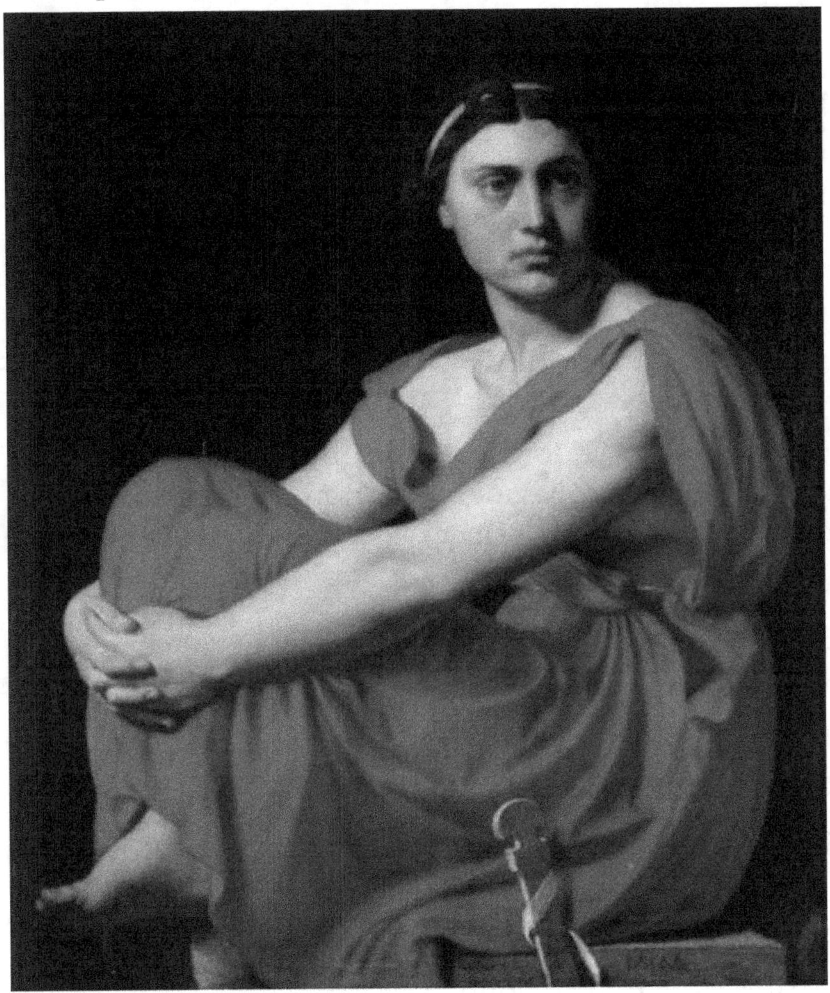

CRUDA VERITÀ

Un'idea, se possiede fondatezza, deve essere difesa.

A patto che ci s'intenda sul significato di "idea", sul valore di ciò che è "fondato", su cosa sia legittimo per "difesa".

Si tratta di concetti che attraversano come lame taglienti la storia dell'arte e i suoi impeti.

L'Ottocento, così gravido di fermenti infuocati, è il secolo di giovani ideali così profondamente sentiti e così carnalmente vissuti, da aver smarrito ogni esigenza di fondatezza.

È una crisi che grida.

È tragedia che ascolta il coro.

Come su una tabula rasa, l'arte riscrive il suo tempo.

E il futuro.

Con la consistenza della carne.

Con la vividezza del sangue.

Con gli spasmi dell'ira.

Con la forza della disperazione.

Con la crudezza dell'abbandono.

Con la naturalezza più sfrontata.

I germogli del "Secolo Lungo" fioriscono adesso.

Rigogliosi.

Inarrestabili.

Non c'è più tempo.

Tutto, già accadrà.

Théodore Géricault (1791-1824): "La zattera della Medusa ", 1818-19, Louvre, Parigi

Eugène Delacroix (1798-1863): "La barca di Dante", 1822, Louvre, Parigi

Gustave Courbet (1819-1877): "L'origine del mondo", 1866, Museo d'Orsay, Parigi

Gustave Courbet (1819-1877): "Jo, la bella irlandese", 1866, Nationalmuseum, Stoccolma

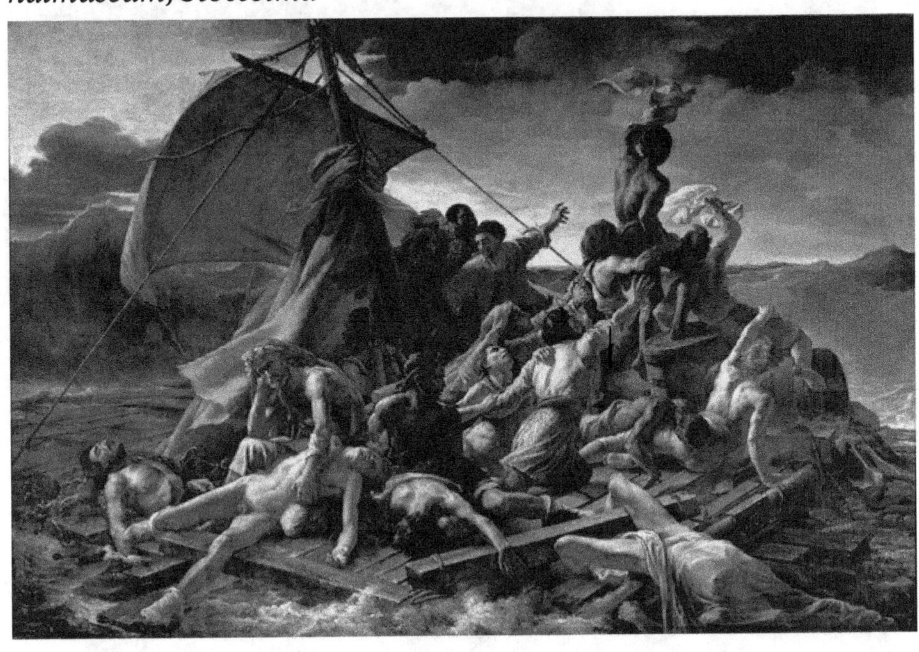

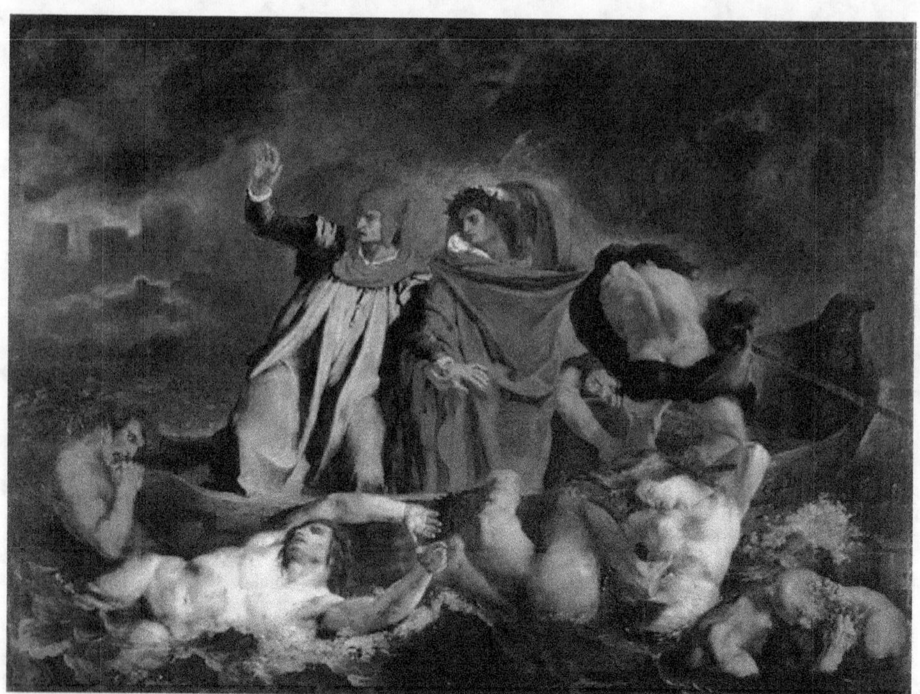

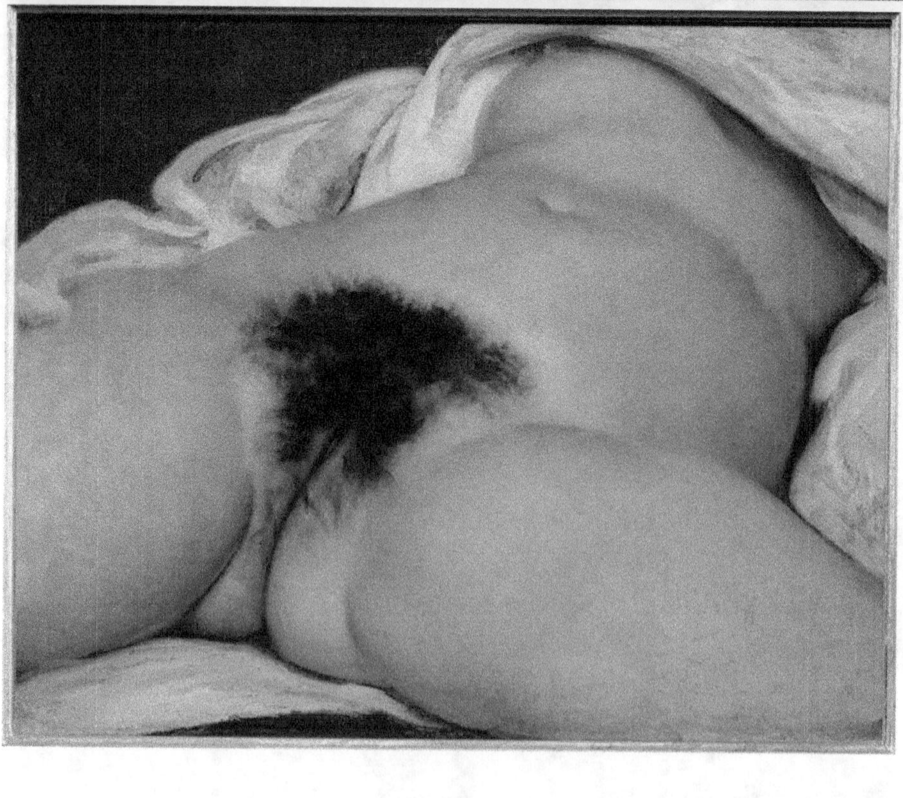

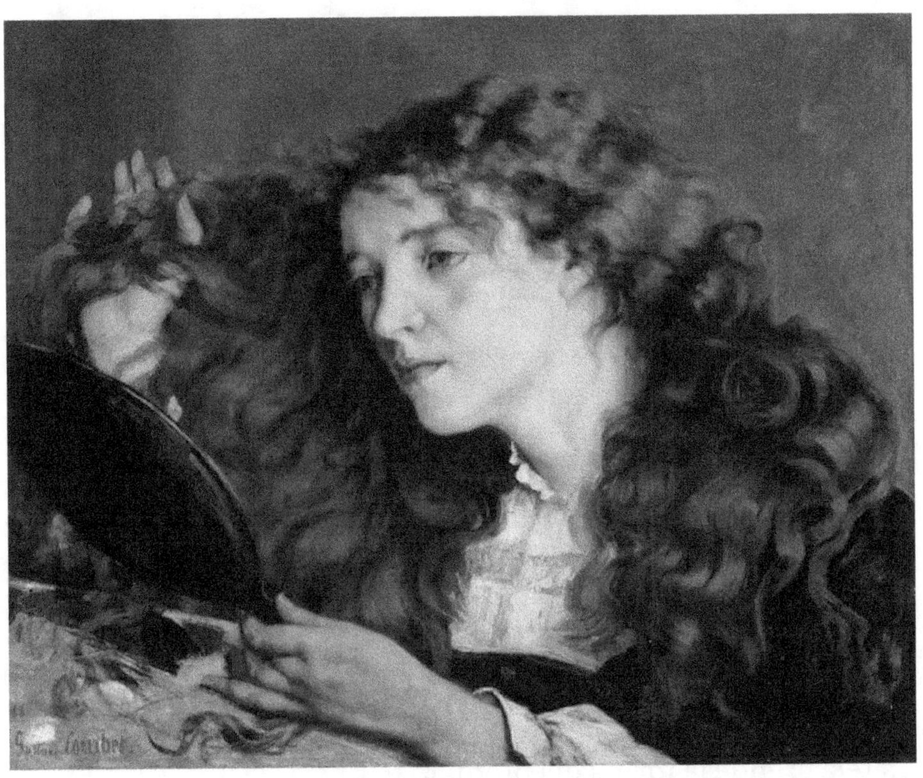

PRODIGIO NECESSARIO

Focalizzare è una scelta: la visione sconta i suoi limiti.

Dunque, ogni scelta è imposta da una lacuna.

E prende la forma della necessità.

Quando Jan van Eyck, influenzato dai suoi esordi di miniaturista finissimo, s'intestò l'innovativa rappresentazione della scuola pittorica fiamminga, nel primo quarto del XV secolo, rivelò la potenza della pittura.

Le sue "vedute" sfidano quella necessità, i limiti dello sguardo che mai potrebbe cesellare ogni impercettibile lontananza.

La tela prende la forma del prodigio.

Arte è confine attraversato.

Dunque, un prodigio necessario.

Jan van Eyck (1390 -1441): "Madonna del cancelliere Rolin" (1434/35), Louvre, Parigi

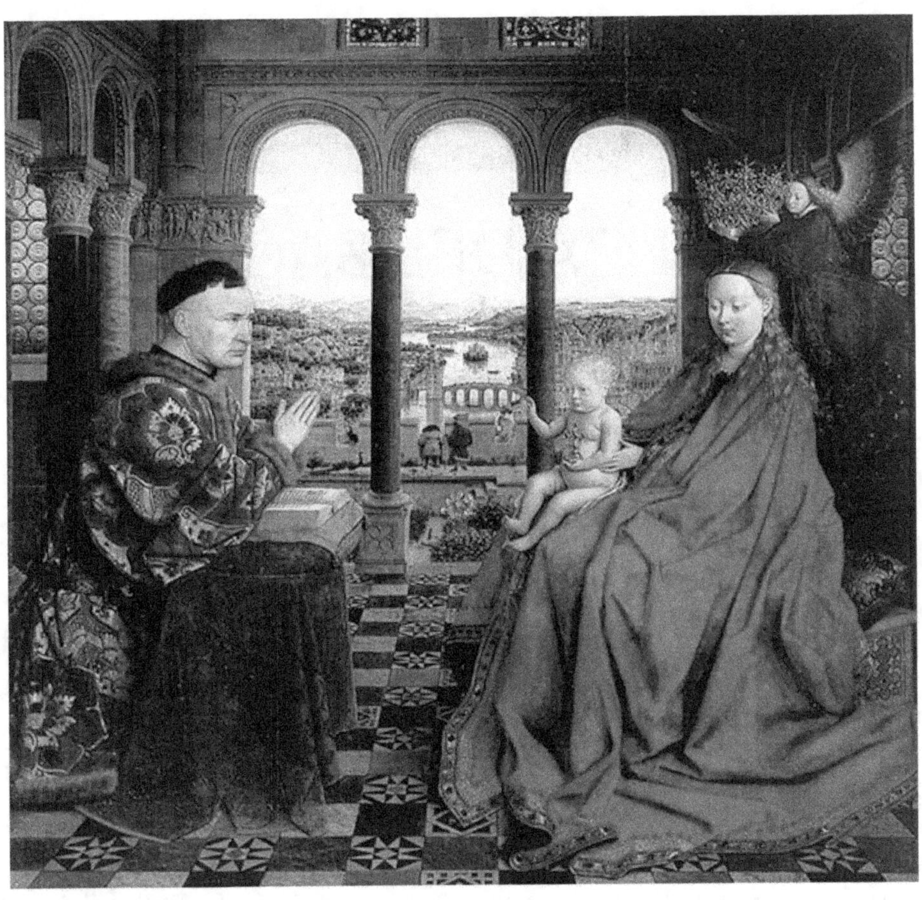

L'ESIGENZA DEL SACRO

"Beato Angelico", strana figura di artista, tra il rivoluzionario Masaccio e l'ineguagliabile Piero della Francesca.

Nella scia del primo, precorre il secondo.

Perde le tracce del tardo gotico nella rivelazione della forma plastica data dal chiaroscuro.

Eppure, la luce che irradia sulle sue figure indica un'esigenza incombente.

Vive anni di estremo conflitto religioso: la fine della "cattività avignonese" sfocia nel "Grande Scisma".

Poi, gli estremismi conciliari che provocarono il "Piccolo Scisma" nel tempo dei tentativi di riunificazione delle Chiese d'Occidente e d'Oriente.

Cambiamenti radicali che assegnano nuovi confini alla visione del mondo, infine sanciti nel 1453 con la caduta di Costantinopoli.

Può udire le voci di Nicola Cusano e di Leon Battista Alberti.

È uomo di fede.

Appartiene all'ordine domenicano: sente la lezione di Tommaso d'Aquino e quella di Meister Eckhart.

Questo il crogiolo rovente nel quale agisce.

I suoi testi pittorici divengono espressione di un'esigenza mistica: l'ineffabilità di Dio è compensata dal sentimento del sacro.

La matrice originaria della pittura occidentale, il fondo dorato dell'icona, lo induce a mantenere uno sguardo incantato su quell'alterità che non appartiene alla dimensione umana.

Alterità che è distacco preminente dalla mondanità, caotica e conflittuale.

Non vi può rinunciare: è una scelta.

Schietta.

La sua vena artistica appartiene a quella scelta.

Nella quale, per coerente necessità, è escluso ogni dramma.

Per queste ragioni, rimane confinato in un passato ideale.

Ma l'esigenza del sacro, inteso come figura di pensiero, è rimasta desiderio irriducibile, capace ancora di percorrere, sotto altre forme o tentativi di forma, la pittura contemporanea.

Beato Angelico, Fra' Giovanni da Fiesole, al secolo Guido di Pietro (1395 -1455): "Pala di Fiesole", predella, particolare (Tutti i Santi), 1424-1425, Chiesa di San Domenico, Fiesole (Firenze)

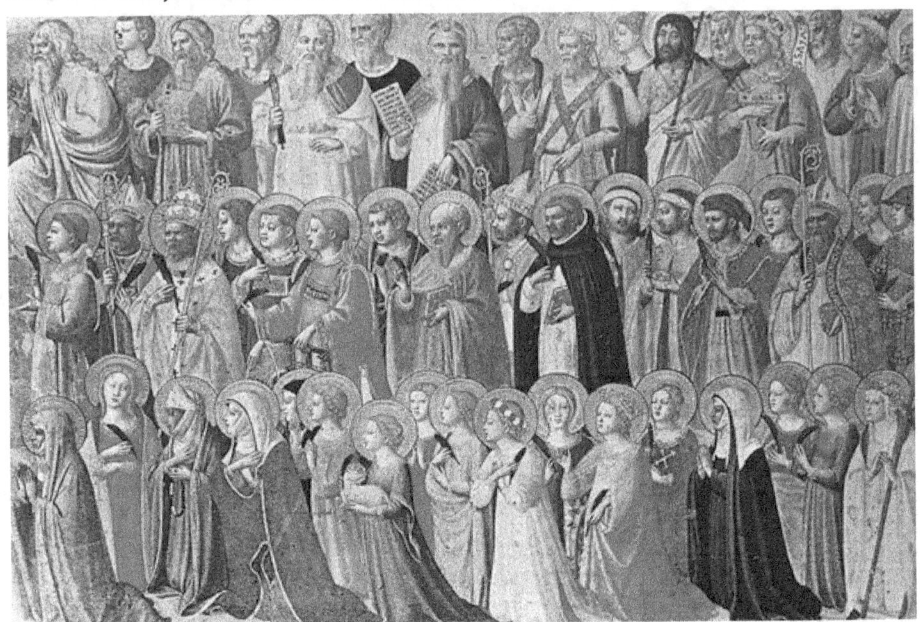

CUM NAUFRAGIUM FECI, TUNC BENE NAVIGAVI

Ossimoro latino, forse risalente a Zenone, riproposto da Erasmo da Rotterdam (1469 - 1536) nel suo "Adagia", 1500, (Centuria 1878) con questa formulazione:

«Nunc bene navigavi, cum naufragium feci»

«Posso dire di aver ben navigato, solo dopo aver fatto naufragio».

Non si tratta di riferirsi al viaggio, ma al viaggio per mare, là, dove nessuna strada è tracciata e ogni rotta è possibile e ogni istante può mutare in tempesta.

Metafora drammatica.

Temuta.

Accettata.

Subita.

Agognata.

Come per ogni domanda profonda, solo portandosi fino all'estremo confine è possibile scorgere la luce della coscienza consapevole.

Così, la pittura di Turner, agli esordi dell'800, ha già nelle corde il vibrare della crisi di un secolo impetuoso, durante il quale sarà impossibile cambiare rotta per evitare la furia degli elementi.

La metafora diviene simbolo: la tempesta è la metà del piatto spezzato - σύμβολον (symbolon) - che indica l'origine e l'identità da ritrovare.

Essenza del pensiero "romantico" agli albori: esistere, è tragedia.

Il "dipinto-simbolo" racconta il senso, necessario, del vivere: prendere il mare aperto e ogni rischio che questo comporti.

Ogni rischio, anche mortale.

Pur di ricongiungersi con l'altra metà del piatto.

Rimasto ad attendere in un placido canale.

L'ossimoro, si compie.

Joseph Mallord William Turner (1775 - 1851): "Il naufragio", 1805, Tate Britain, Londra e "Canale di Chichester", 1828, Tate Gallery, Londra

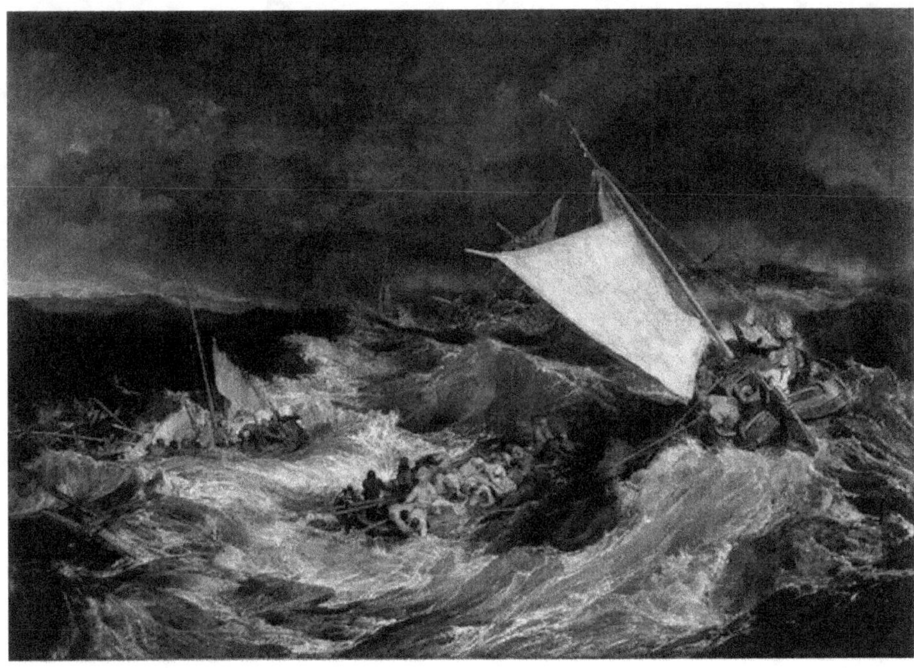

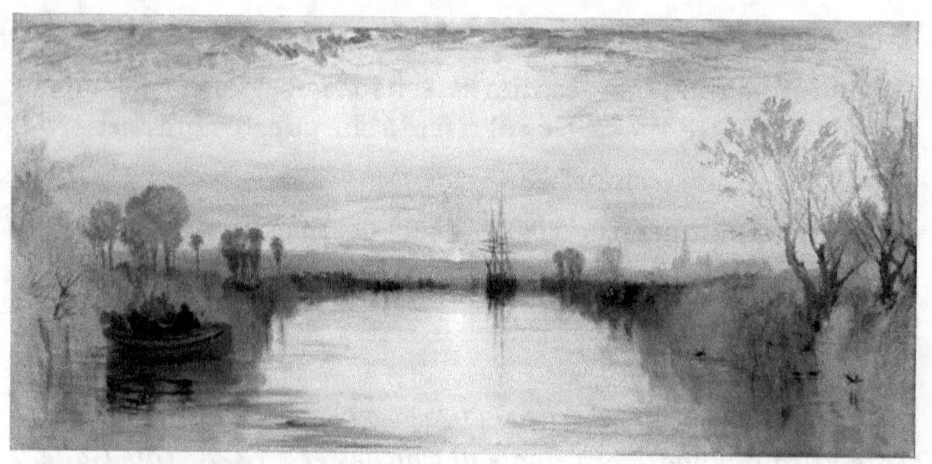

L'INATTESO

La scultura, anticamente, era considerata rappresentazione del reale.

Le statue degli imperatori, poste nei tribunali romani, erano presenza viva dell'autorità.

Si ritiene che questa fosse il riflesso della dimensione "sacra" già appartenente alle immagini plastiche delle divinità.

Eppure, il ragionamento dovrebbe fissarsi sull'immanenza di figure incarnate nella vita politica e non sulla trascendenza.

Perché in quelle opere era colto un aspetto del reale fissato per sempre: l'istante supera la condizione transitoria del presente.

La nostra cultura non comprende più questi significati.

Anche se assorbiti, ampiamente, nella civiltà cristiana.

Non solamente riguardo all'aspetto religioso.

Però, li intuisce.

Sorprendendosi delle sue radici.

"Augusto di Prima Porta", inizi I secolo d.C., Musei Vaticani, Città del Vaticano

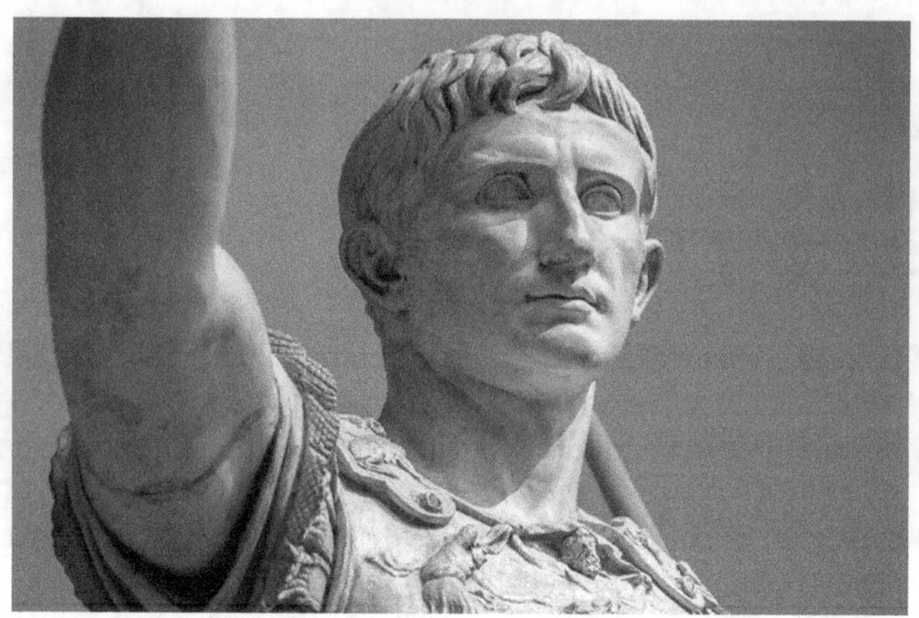

LA RAZIONALITÀ PIÙ ANTICA

Non deve meravigliare che l'umanità antica credesse all'esistenza di una potenza superiore inscritta nella natura e la identificasse con il divino.

Per le conoscenze di quel lontano passato, si trattava d'interpretare in un possibile modello razionale i fenomeni più complessi e traumatici.

Il racconto mitico si mischia con il sacro.

Il sentimento religioso persegue l'alleanza con il divino attraverso i sacrifici, per placarne la potenza distruttiva e tenerla lontano, separata, dalle vicende umane.

Facendosi, a sua volta, potenza che frena.

Zeus in trono, I secolo a.C., Museo Archeologico dei Campi Flegrei, Castello di Baia, Bacoli, Napoli

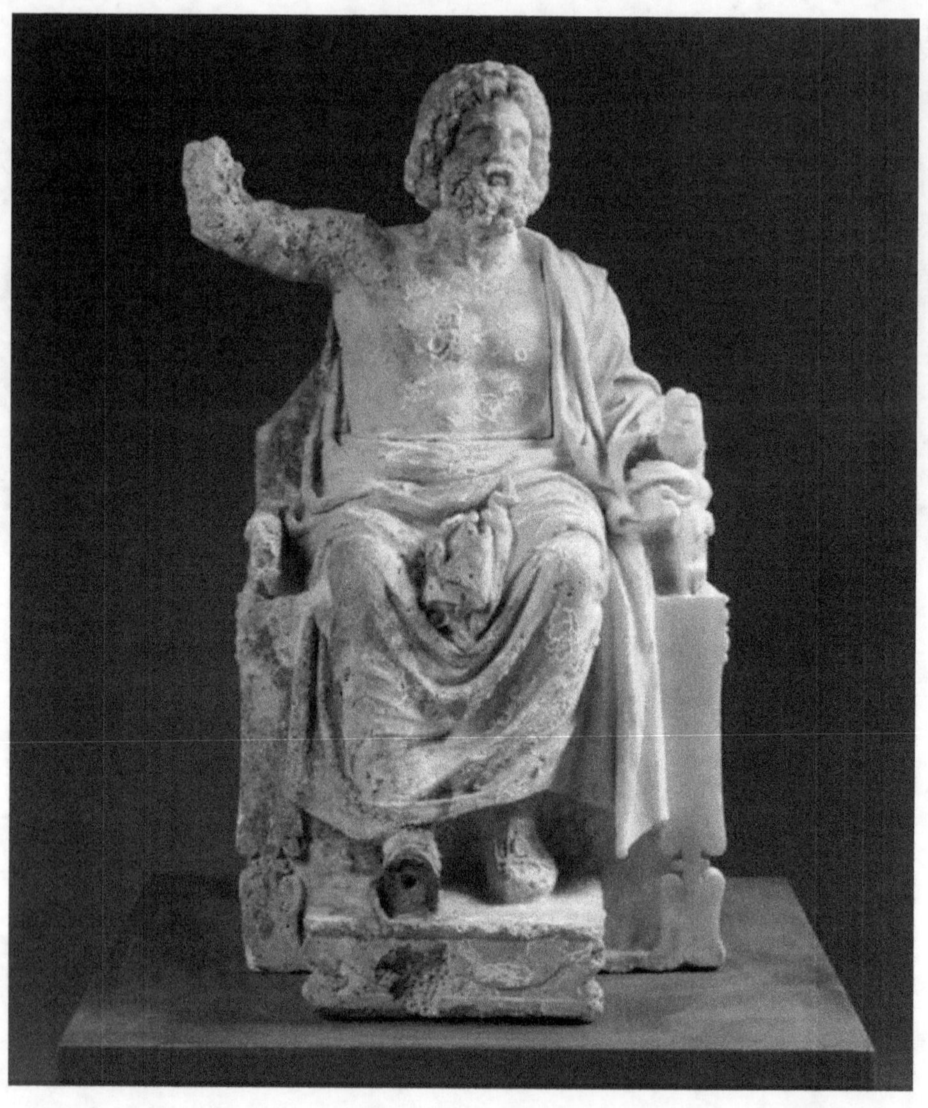

NUOVO PRESENTE

Il Foro.

Per secoli centro propulsore del mondo antico nella sua capitale indiscussa: Roma.

Spesso si guardano le vestigia del passato con raffinato gusto antiquario, talvolta con la prospettiva del pittoresco.

Forse, tra i tanti, c'è un altro modo: usare l'immaginazione e diventare, per un momento, testimoni del tempo, riflettendo più a lungo su come questa percezione inesplicabile possa influire sullo spirito che conosce.

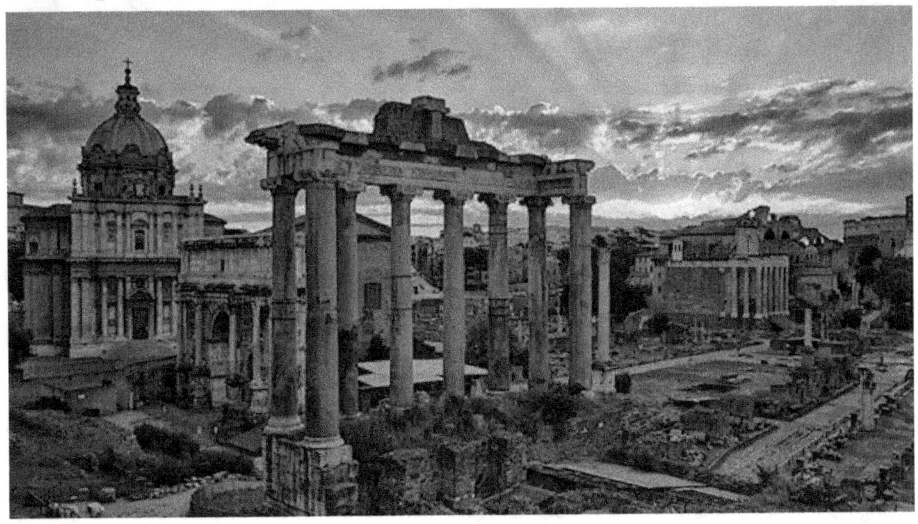

IL '500 E L'ARTE DECADENTE

Decadente non è un'espressione dispregiativa e dequalificante, ma solo un termine per definire il cambiamento.

Per comprendere l'arte occorre rigettare gli schemi e trovare il filo comune che tiene unite le epoche e gli stili, la sensibilità e i modelli figurativi.

Scoprendo, così, un "sublime decadente" che abita, da sempre, la storia dell'arte occidentale.

Michelangelo Buonarroti (1475 - 1564): "Prigioni, Schiavo che si ridesta e Schiavo dello Atlante", 1525 - 1530, Galleria dell'Accademia, Firenze

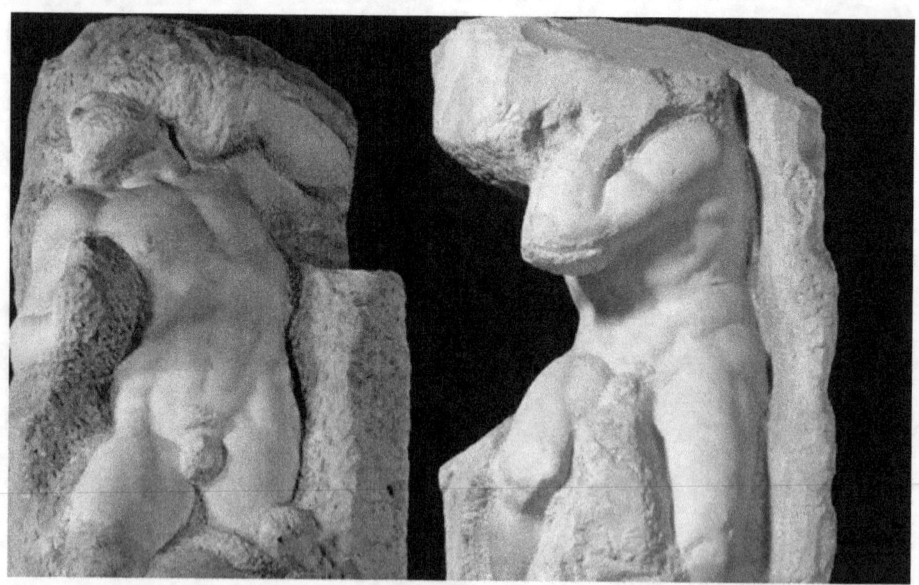

LE TRACCE DEL FASCINO

Un albero spoglio non è nudo.

Al contrario, nasconde la bellezza.

La rende in un'attesa, lunga e struggente.

Un albero spoglio non ha rughe.

Mostra i solchi di mille racconti da ascoltare tra le mani.

Un albero spoglio non è debole.

Elegante, svetta su piedi sinuosi, danza librando le sue dita affusolate.

Un albero spoglio non è mai vecchio.

Appresta il viaggio per una delle sue tante primavere.

Un albero spoglio conosce, infine, una certezza: tutto muta, incessantemente.

E sa bene che il fascino, sornione e rigoglioso, consiste proprio nelle tracce del cambiamento.

Vincent van Gogh (1853 - 1890): "Tronco di un vecchio albero di tasso", 1880, Helly Nahmad Gallery, London

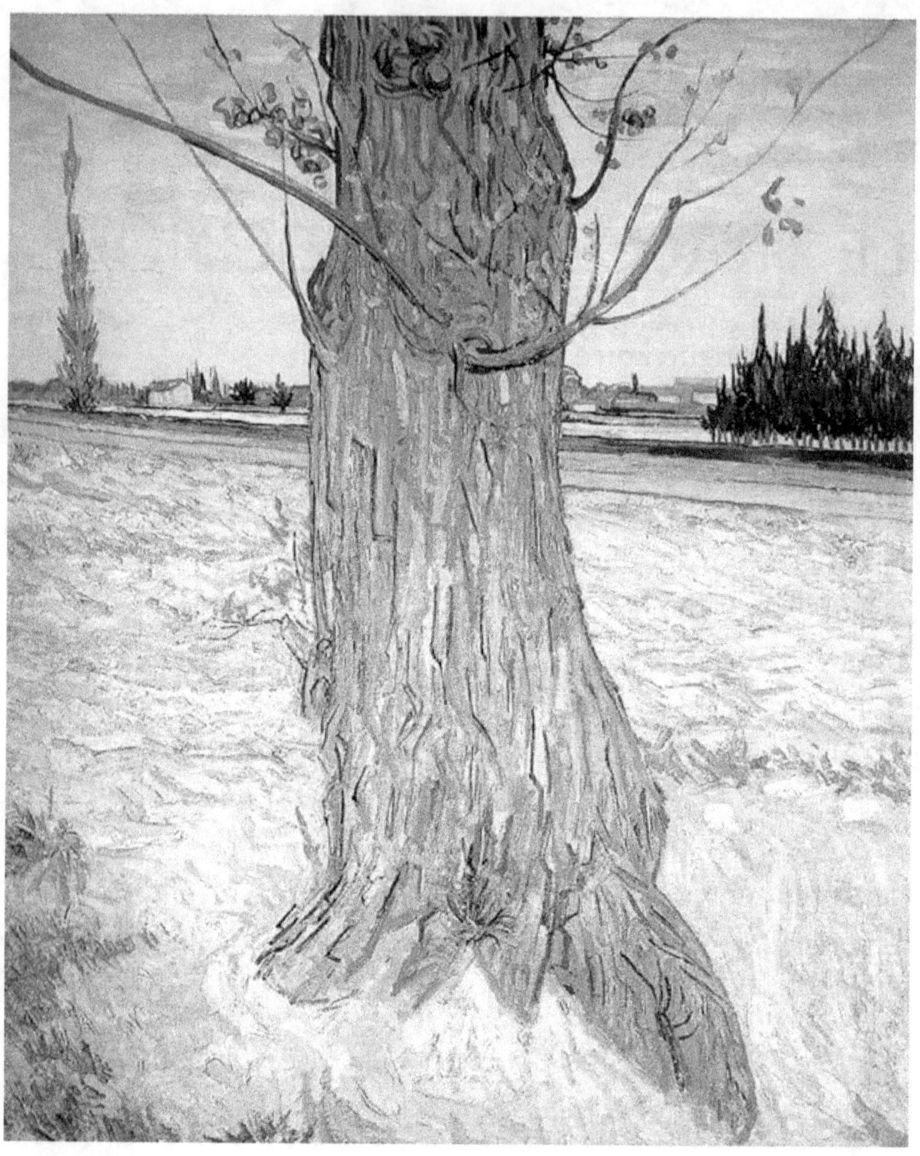

IL PARADOSSO

Uno dei tratti più intensi delle società borghesi occidentali, è sempre stato l'ardente desiderio di esibizione delle passioni.

Forse, a riflettere bene, rappresenta il segno della loro espansione, l'espressone di una conquista che può osare ancora, spingersi oltre, spostare più avanti ogni confine.

Ma il dipinto non tollera gli eccessi: questi debbono rimanere preziosi misteri, eventi fugaci conservati nei pensieri più profondi e inconfessabili.

Pensieri carichi di passioni sconvolgenti: il solo cenno del volto, assorto tra le parole di una lettera, induce inattesi fremiti, lascia la mente correre sulle ali di sfrenate e sfocate fantasie.

Così, il dipinto di Vermeer, in apparenza privo di torbidità, nel semplice cenno simbolico al "Cupido", riuscì a dare consistenza alle parole impronunciabili e alle immagini più agognate.

Per questa ragione, la figura di "Eros" (ἔρως) venne successivamente nascosta agli occhi dell'osservatore.

Eppure, nonostante un velo di colore opaco che sfigura la parete, quella passione non lascia il dipinto: vivida, nello sguardo impaziente, trema nel desiderio afferrato, si getta nel sentimento ormai liberato.

La passione e la modernità, per illuminante paradosso, possono fare a meno del simbolo.

Jan Vermeer (1632 - 1675): "Donna che legge una lettera davanti alla finestra", 1657, Gemäldegalerie, Dresda

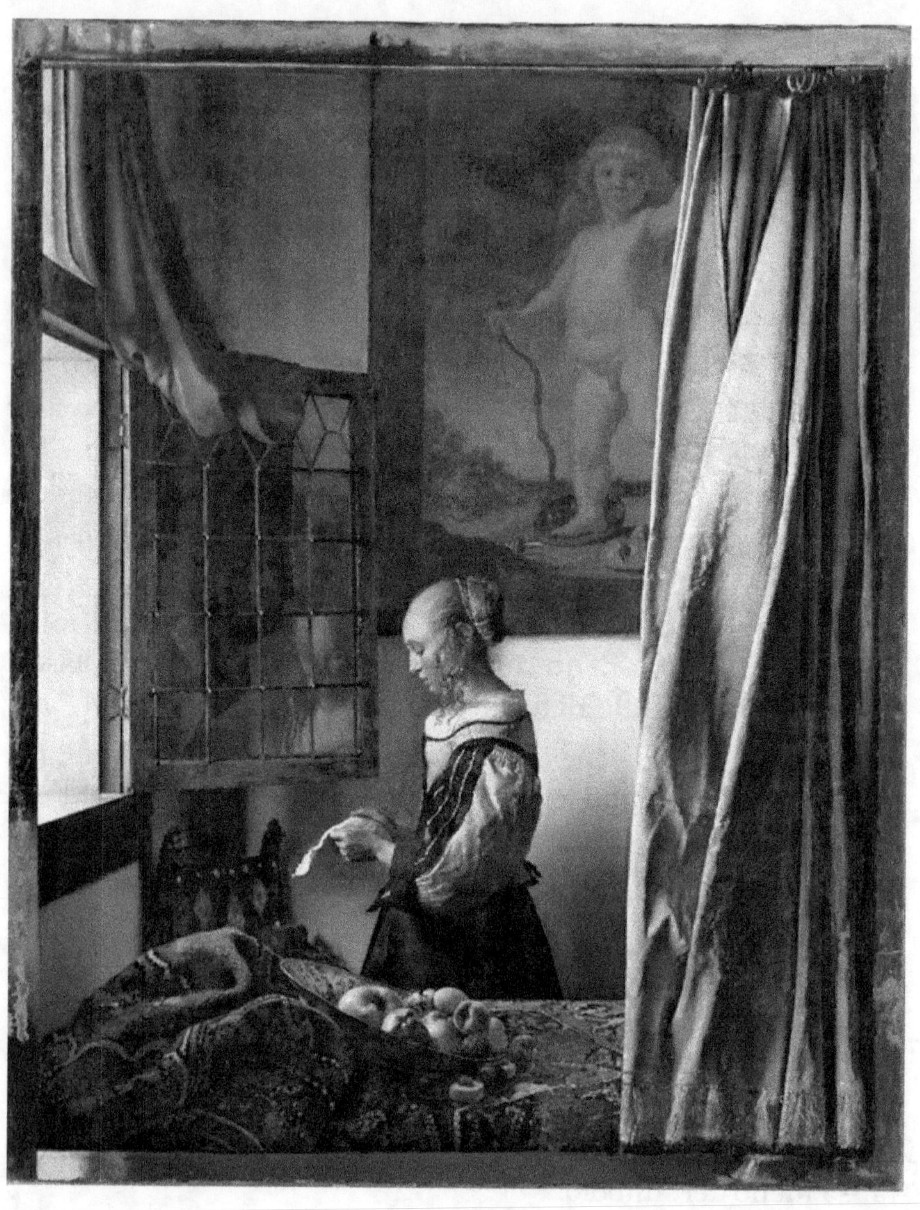

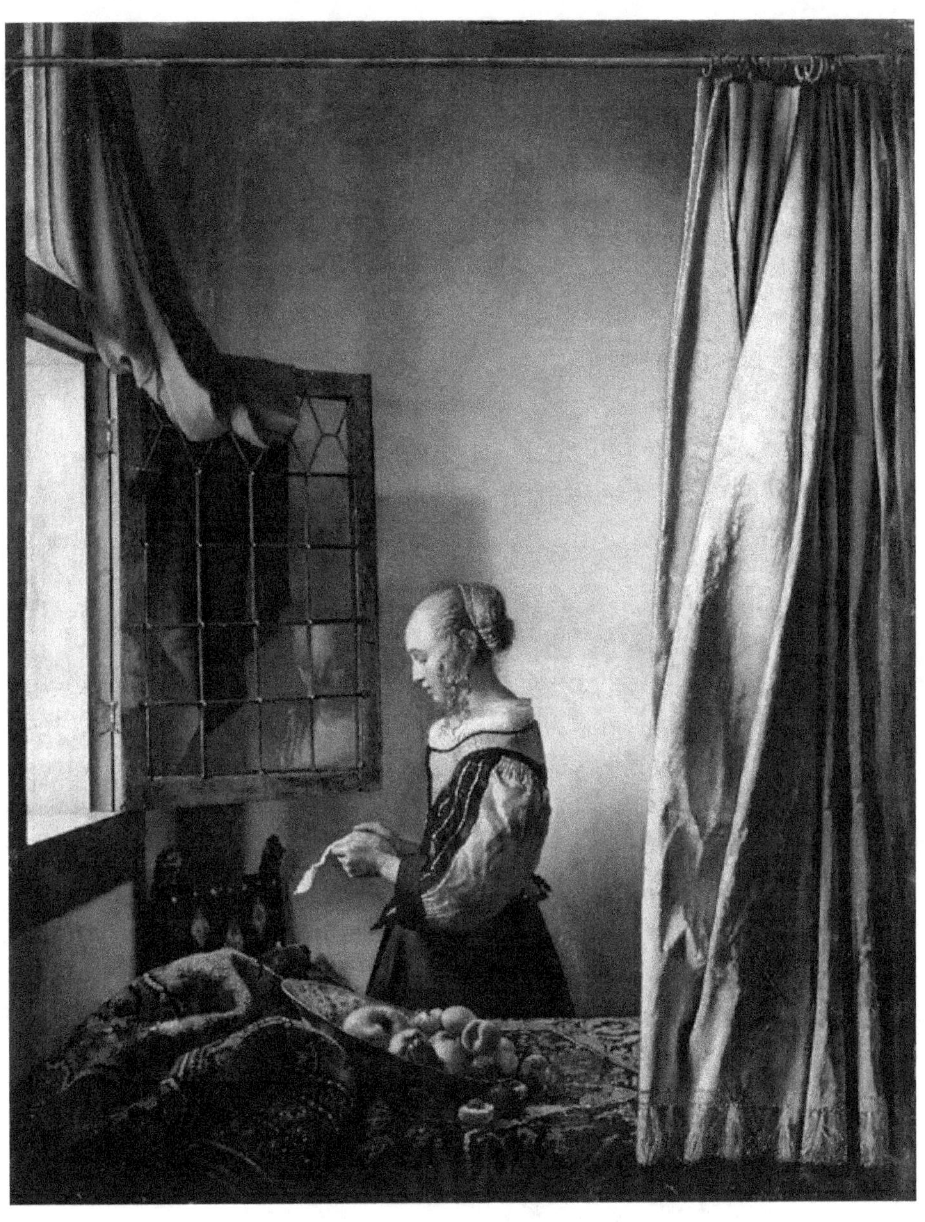

OLTRE IL CONFINE

Se lo specchio potesse mostrarci quel che non vediamo di noi...

René Magritte (1898-1967) "La riproduzione vietata", 1937, Museum Boijmans Van Beuningen, Rotterdam

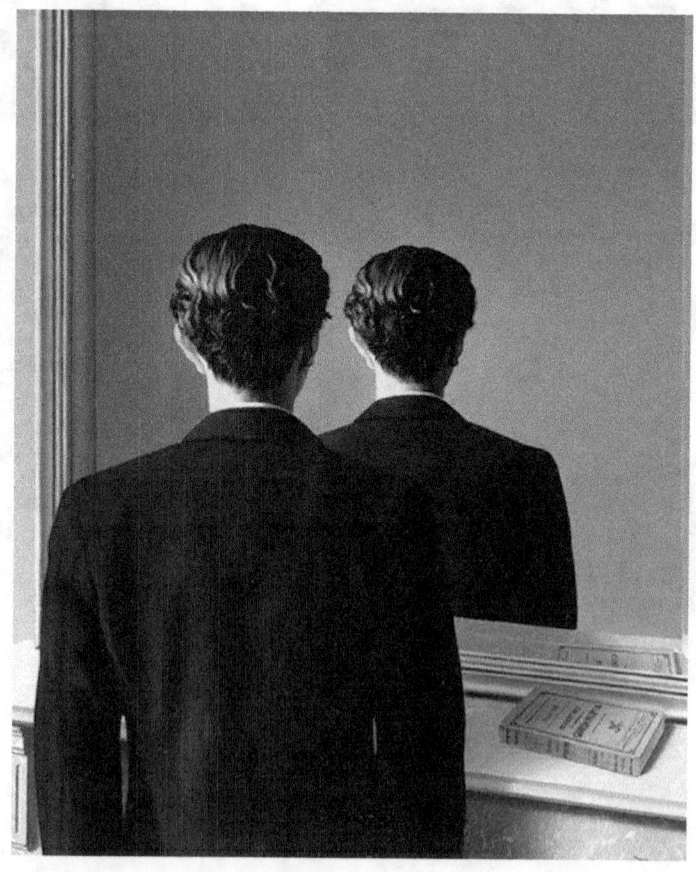

IL FIORE DEL CAOS

Generalmente, l'immagine del caos solleva l'idea del suo contrario: ordine, chiarezza, verità.

L'etimo fa giustizia: dal latino chaos che salva il greco χάος, da χαίνω traducibile con "essere aperto, spalancato".

Indica un'apertura, una possibilità.

No.

Infinite possibilità.

E infinite soglie di accesso.

L'ordine è de-finito.

Il disordine è in-finito.

La realtà è finita, contingente e necessaria, rappresentabile.

Il "reale" non possiede questi caratteri: in esso, nulla appare necessario e nemmeno accidentale.

Materia che "precede" e "succede".

Materia senza tempo.

Materia senza luogo.

Quale possibile rappresentazione?

Impossibile.

Solo "presentazione".

In astratto.

Forse, è questa l'unica evenienza.

Eppure, esiste una traccia del caos.

Un sentiero.

Un passaggio.

Il pensiero.

Quando la mente, liberata dalle catene dell'esserci, vaga in una disperata ricerca.

Possiede la parola e le immagini.

Ma la sintassi scivola.

E il segno visivo si contamina.

Allora, la forma dell'arte è confusa nell'inconscio.

Non è riducibile al significato simbolico: l'Es è inarticolabile e l'Io non può giacere in quel mondo.

Dunque, è formazione oltre la coscienza.

Appare come nuova presenza.

Tra infinite presenze.

Si lascia cogliere.

Come un fiore.

Al quale, nulla si chiede.

Salvador Dalì (1904 - 1989): "Gala mentre contempla il Mar Mediterraneo che a diciotto metri diventa il ritratto di Abraham Lincoln", 1976, Dalí Theatre and Museum, Figueres, Spagna

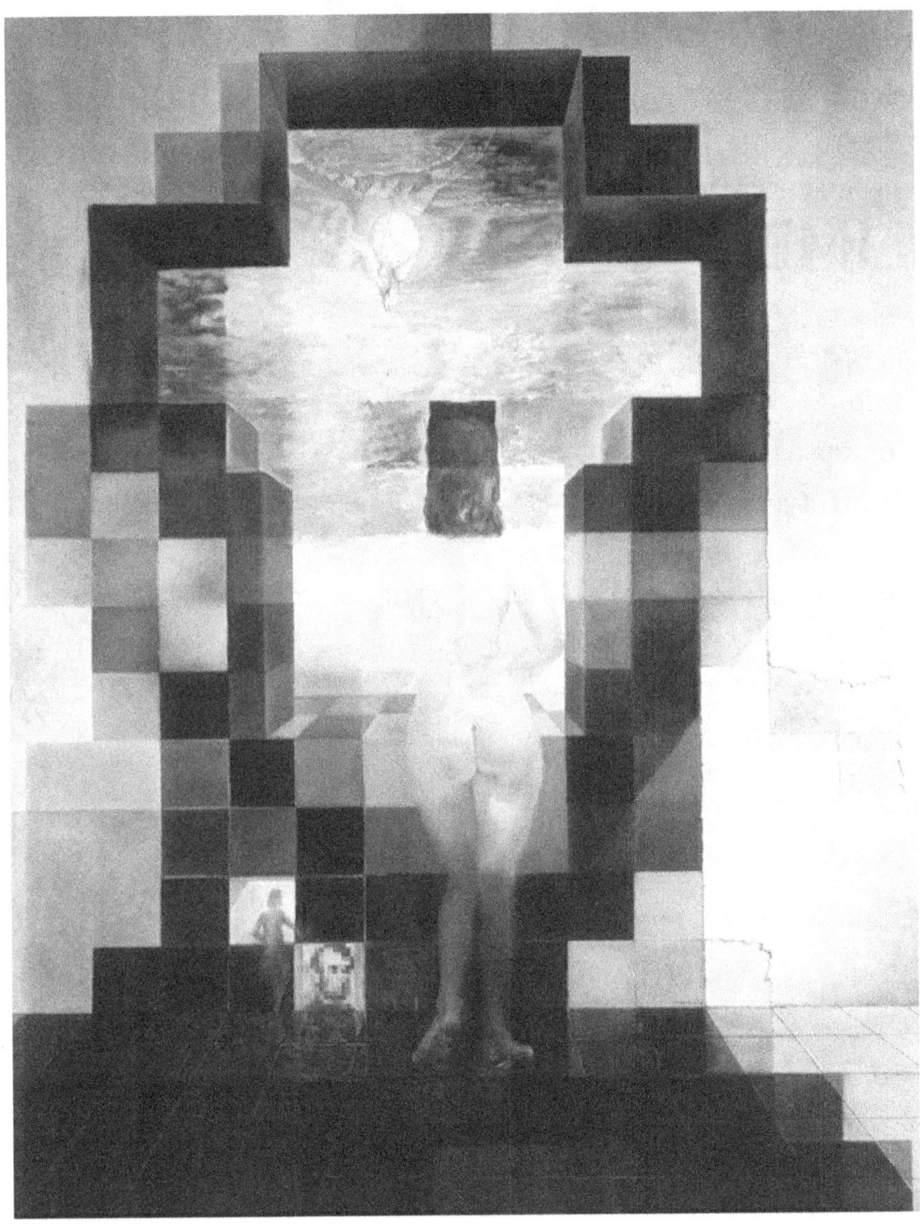

LIMEN

Luce.

Buio.

Soglia.

Da attraversare.

Lorenzo Ghiberti (1378-1455): "Porta del Paradiso", 1425-1452, Battistero di Firenze

Auguste Rodine (1840-1917): "Porta dell'Inferno", 1880-1917, Musée Rodin, Parigi

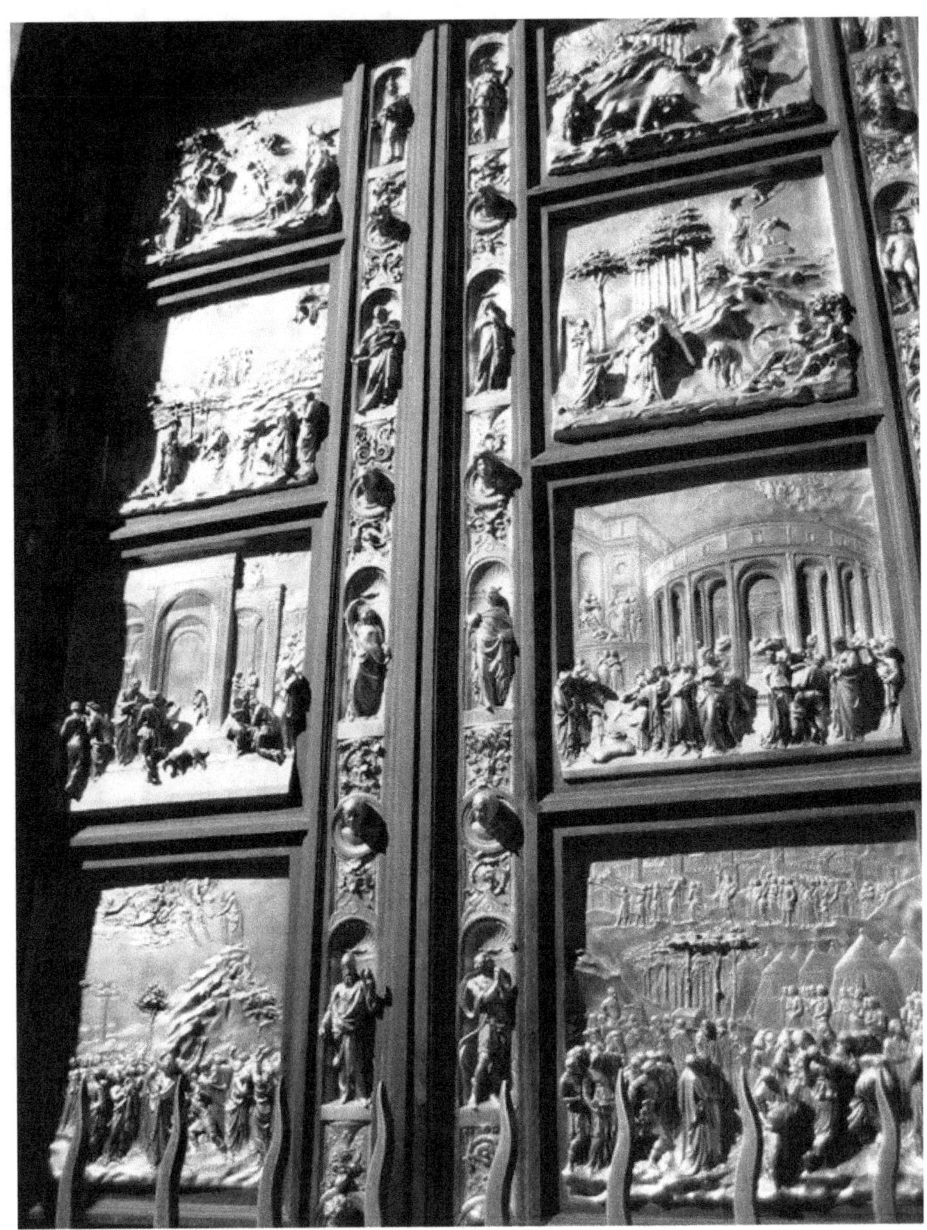

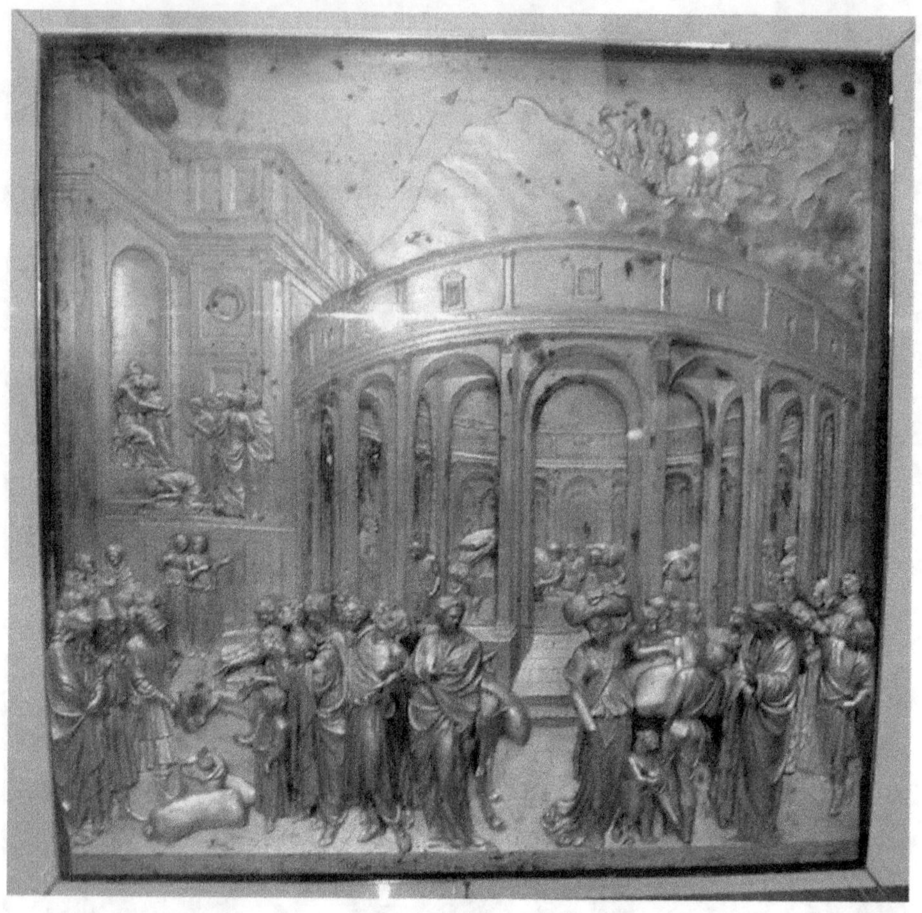

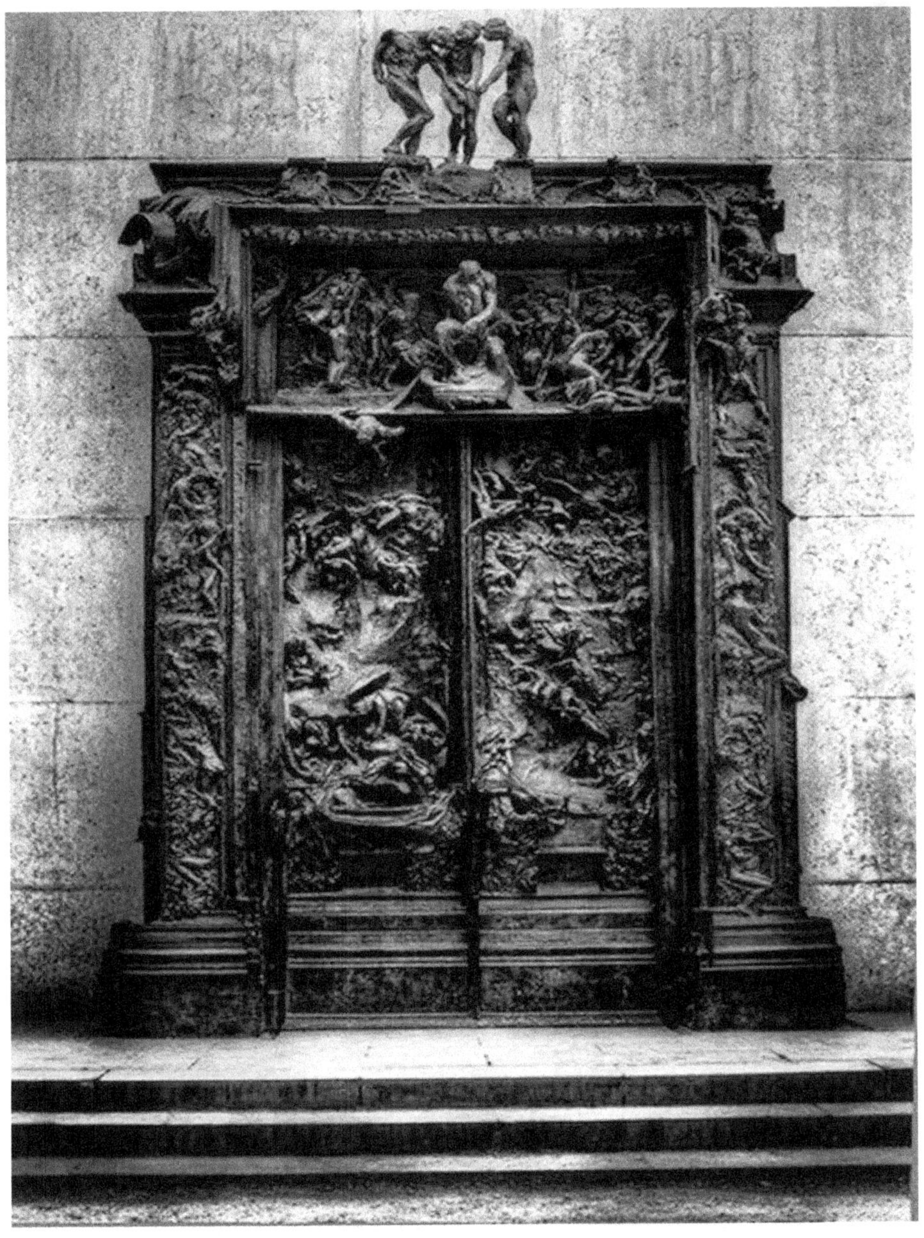

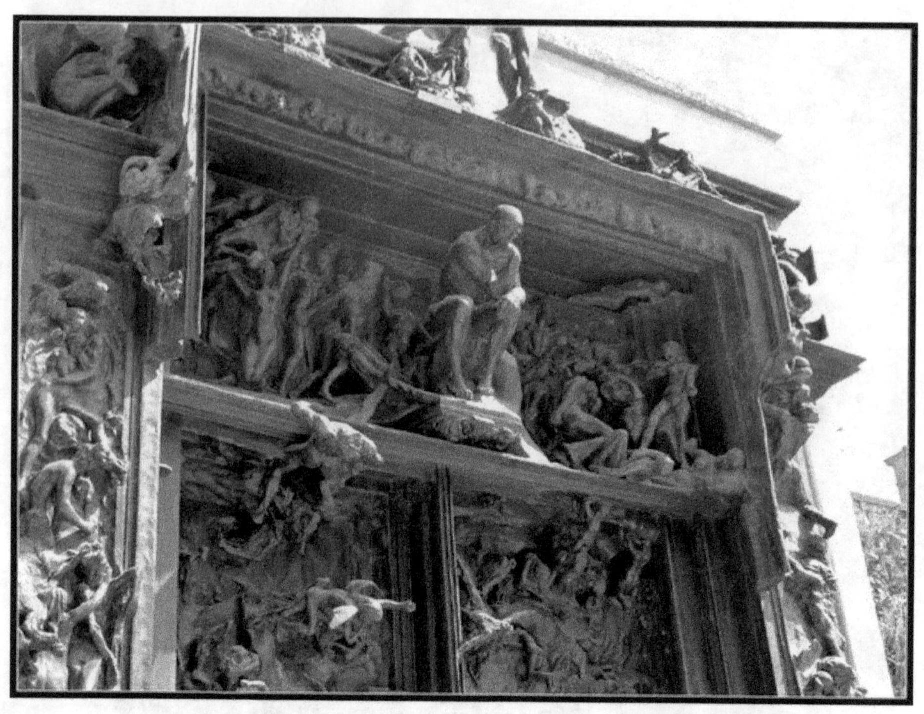

L'OMBRA DELLA LACRIMA

"L'uomo che cammina", 1960 è un'opera famosa di Alberto Giacometti (1901 - 1966), ultima versione di una prima risalente al 1947.

Osservandola, è molto facile cadere in una trappola retorica: un fiume di parole per celebrare l'uomo, naturalmente l'uomo che ha conquistato la terra, sollevato il velo dei misteri, realizzato il progresso della scienza e della tecnica, costruito monumenti grandiosi, scolpito e dipinto opere magnifiche.

L'uomo che mai si ferma, sempre alla ricerca di confini da abbattere.

Così, un esile accrocco di linee estenuate, diventa il "Re del mondo".

L'umiltà della figura è apparenza di sterminata eccellenza.

Se fosse così, non varrebbe nessun impegno d'artista oltre i fasti disincantati dell'Umanesimo invecchiato già di secoli.

No.

Quel passo è come un simbolo etrusco: un "senza nome" sepolto dalla boria dei vincitori.

La forma, abborracciata, sgraffiata, consumata, è solo ombra di steli che scivola incerta su un cammino senza meta.

Fragile.

Estrema.

Proviene da una caduta.

Si alza e muove i suoi passi, per esorcizzarla.

Scopre la leggerezza.

S'illude.

Come lacrima illuminata, si nasconde in un riflesso nero sullo sfondo.

Sovvengono i versi di Samuel Beckett, "Ossa d'Eco", del 1935:

«Dentro la mia andatura rifugio tutto il giorno con gazzarre smorzate se la carne decade senza tema erompendo o favore di vento vada il guanto di sfida del senso e del non senso preso dalle sue fisime per quello che mai sono.»

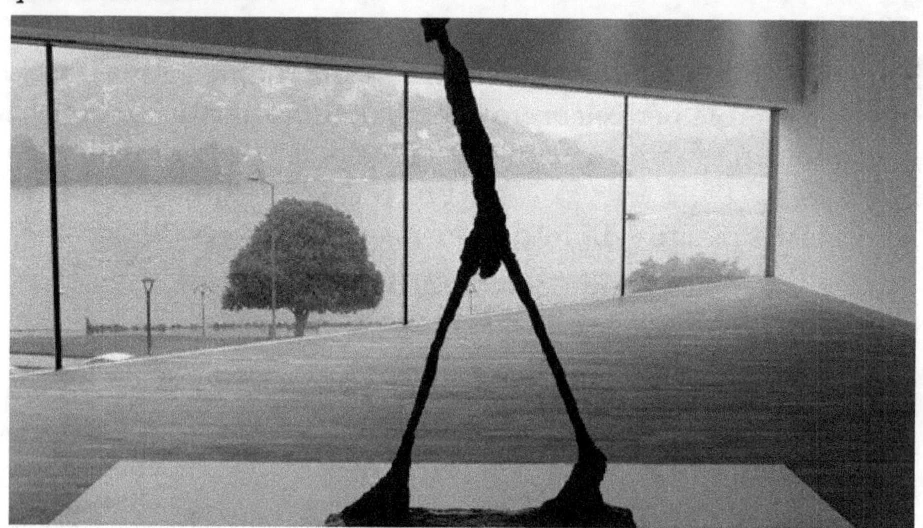

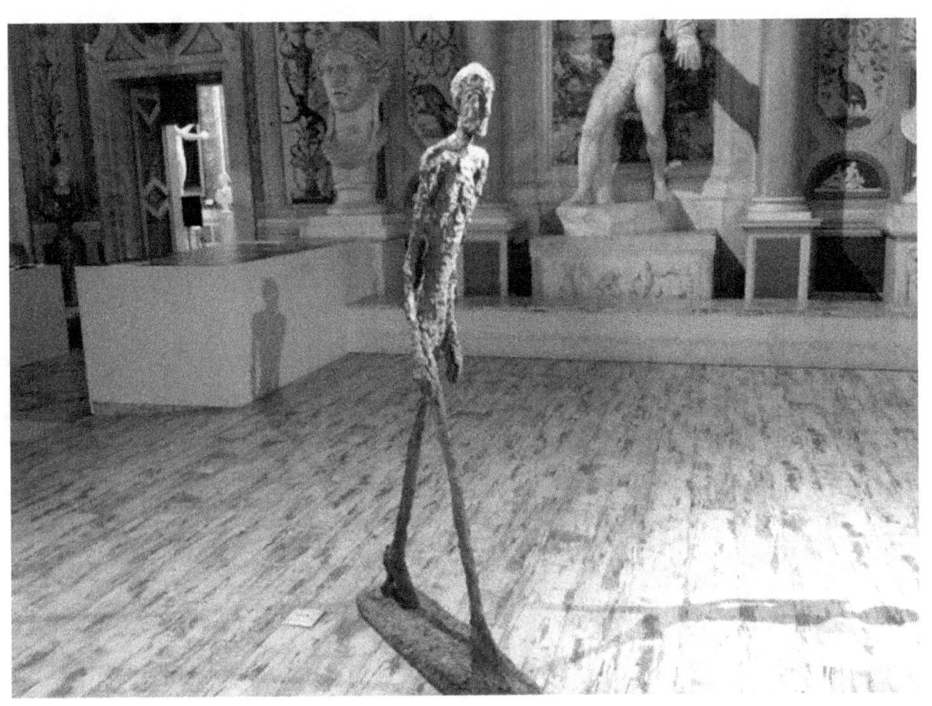

L'EMOZIONE DELL'ERRORE

Nell'impressionismo non conta più l'immagine ma lo sguardo che la osserva.

Ogni dipinto è quello sguardo.

Dunque, perchè conchiudere questa corrente artistica, peraltro piuttosto variegata, in una "tecnica" della percezione e non avvicinarla all'affectus, alla disposizione d'animo che orienta l'idea della visione?

L'ambiguità della forma è la traccia per scorgere questa dimenticanza: l'atmosfera è la verità soggettiva della percezione.

Lo comprese bene Paul Cézanne, alla perenne ricerca di quell'immediatezza capace, nel suo affascinante tentativo, di rendere oggettiva l'immagine, di coglierla precedendo lo spirito.

Impossibile.

Questa relazione tra i sensi e lo spirito era già patrimonio del pensiero nell'età di Dante che scrive nella sua "Vita Nova" (II, 4-7):

«[...] *dico veracemente che lo spirito de la vita, lo quale dimora ne la secretissima camera de lo cuore, cominciò a tremare sì fortemente che apparia ne li mènimi polsi orribilmente; e tremando, disse queste parole: «Ecce deus fortior me, qui veniens dominabitur mihi». In quello punto lo spirito animale, lo quale dimora ne l'alta camera ne la quale tutti li spiriti sensitivi portano le loro percezioni, si cominciò a maravigliare molto, e parlando spezialmente a li spiriti del viso, sì disse queste parole: «Apparuit iam beatitudo vestra». In quello punto lo spirito naturale, lo quale dimora in quella parte ove si ministra lo nutrimento nostro, cominciò a piangere, e piangendo, disse queste parole: «Heu miser, quia frequenter impeditus ero deinceps! [...]».*

Ma può bastare qualche dipinto, tra i moltissimi, a suscitare l'esperienza in grado di suggerire ogni parola.

Qualche dipinto, per mostrare l'emozione dell'errore.

Edgar Degas (1834 - 1917):

"La famiglia Bellelli", 1858 - 1867, Museo d'Orsay, Parigi

"L'assenzio", 1875 - 1876, Museo d'Orsay, Parigi

"Gli orchestrali", 1874 - 1876, Städelsches Kunstinstitut und Stadtische Galerie, Francoforte

"Donna che fa il bagno", 1883, Museo d'Orsay, Parigi

"Le stiratrici", 1884, Museo d'Orsay, Parigi

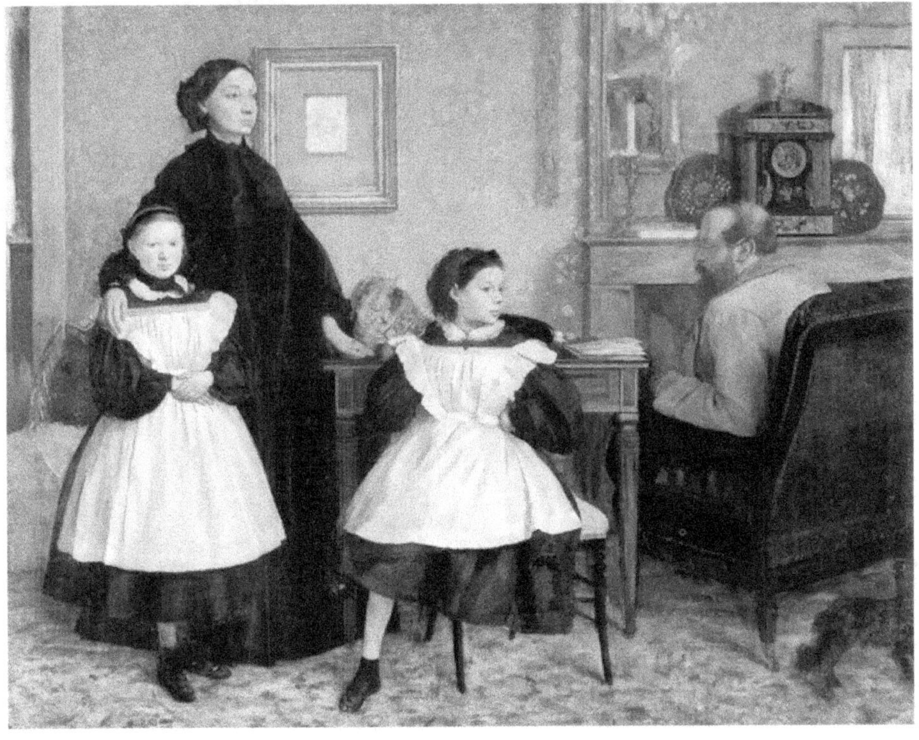

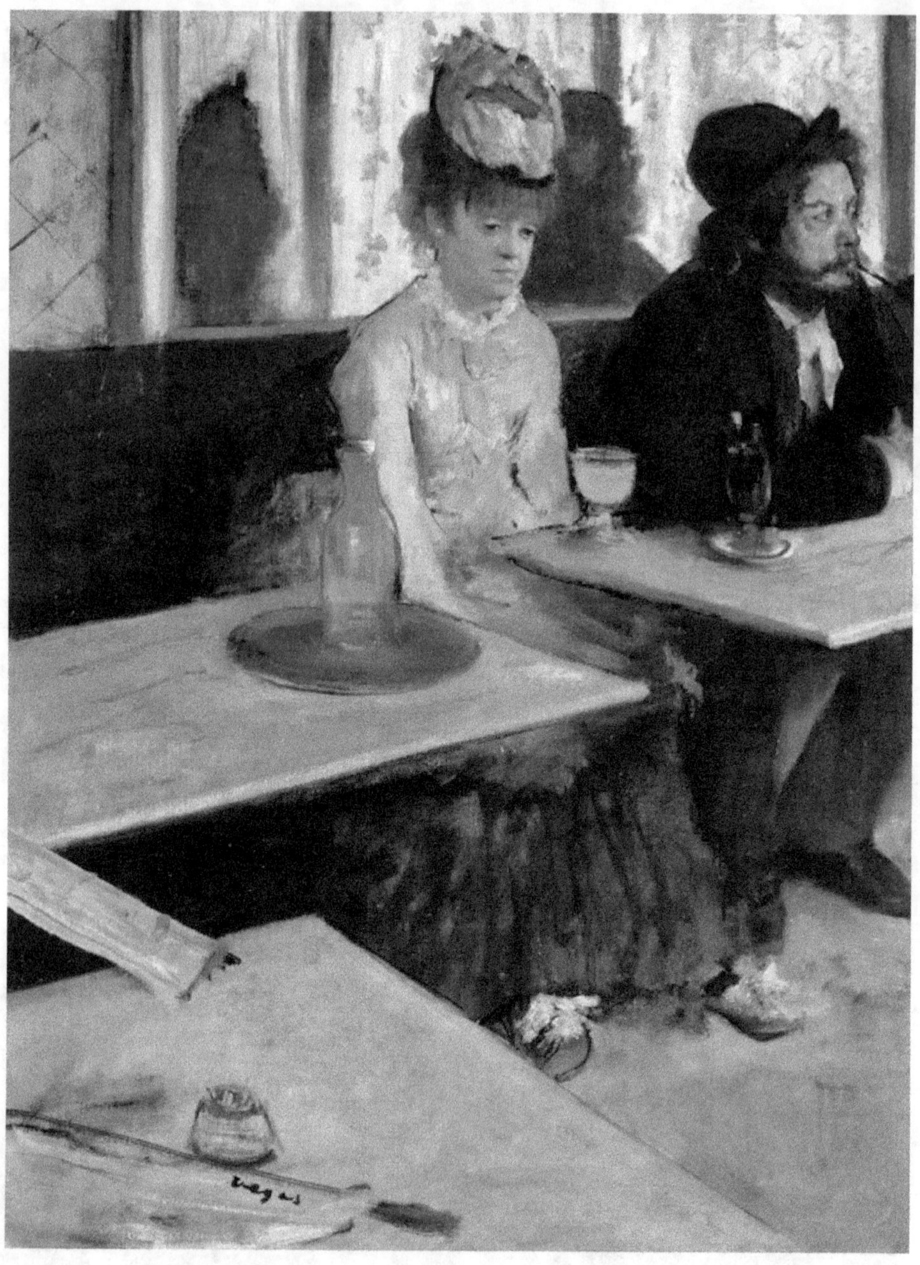

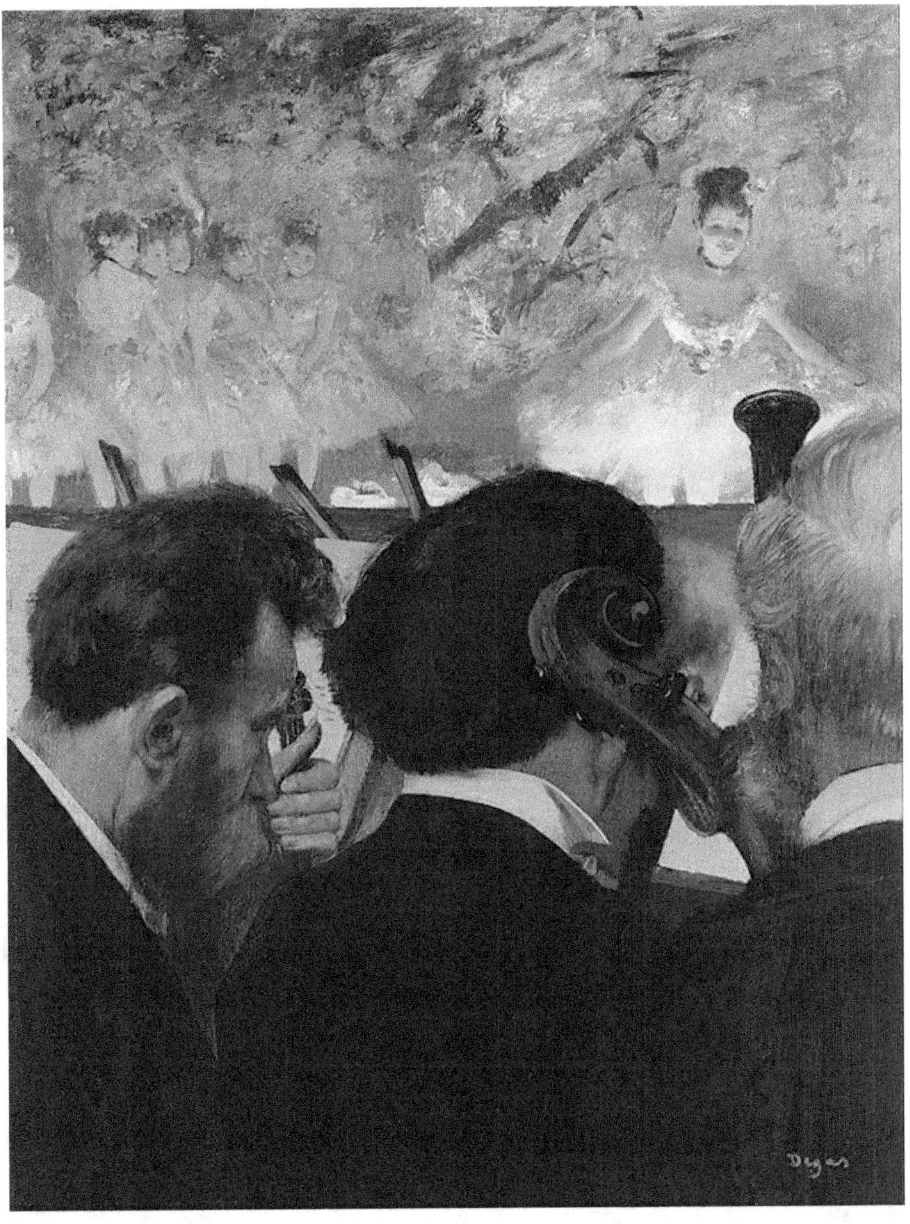

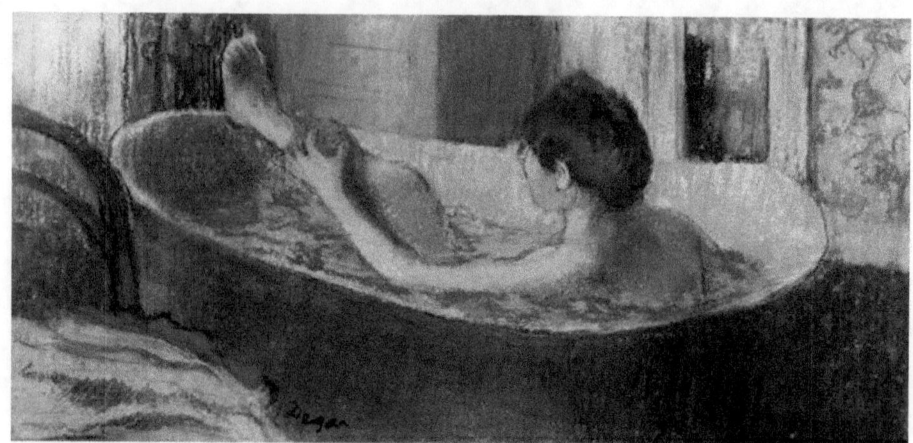

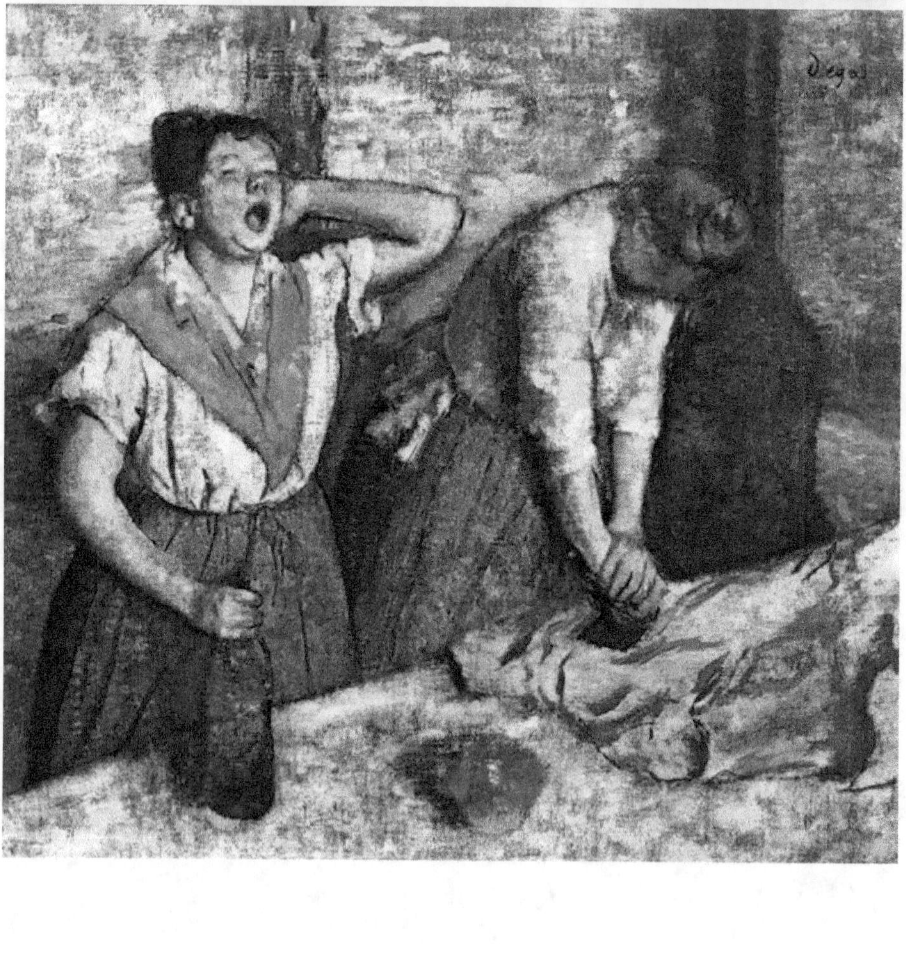

LA MANCANZA CHE FA ARTE

A Firenze, nella celebre "Cappella Brancacci" della chiesa di Santa Maria del Carmine, sono custoditi gli affreschi di Masolino, Masaccio e Filippino Lippi.

Come per molte espressioni d'arte, l'emozione della visione dal vivo è impossibile da colmare: l'aura dell'opera esiste.

Ed è costituita non dalle figure e dai colori, ma dall'atto narrativo che vibra di un'inspiegabile vividezza.

Come uno spasmo improvviso, desta l'osservatore: attonito, sente l'inopia dello sguardo posato sulle immagini, incapace di raccogliere la potenza dell'immediatezza.

Allora, in chi è attento, la presenza muta in sentimento di vaga nostalgia per una mancanza: i suoni, i profumi, le sensazioni, le pulsioni che animano la consistenza materiale della vita.

La forma pittorica può solo suscitarla.

L'arte si lascia riconoscere in quell'assenza.

Che rimarrà anelito memorabile.

Come "Amore", non possiede nessun luogo oltre il desiderio.

Masaccio (1401 - 1428): "Il battesimo dei neofiti", "San Pietro che risana con l'ombra", "La cacciata", 1425 -1427

Masolino (1383 - 1447): "La predica di San Pietro", 1425 - 1427

Filippino Lippi (1457 - 1504): "San Pietro liberato dal carcere", 1481 -1482

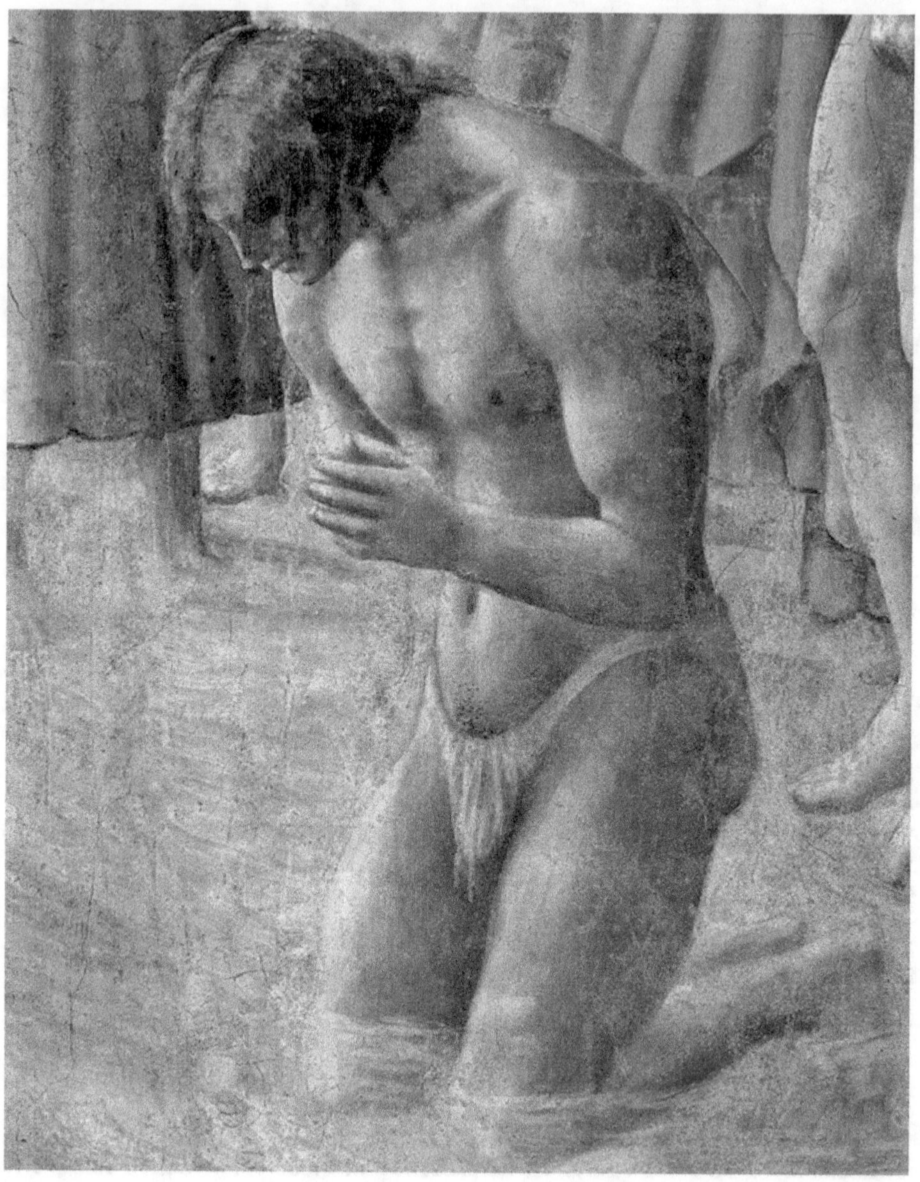

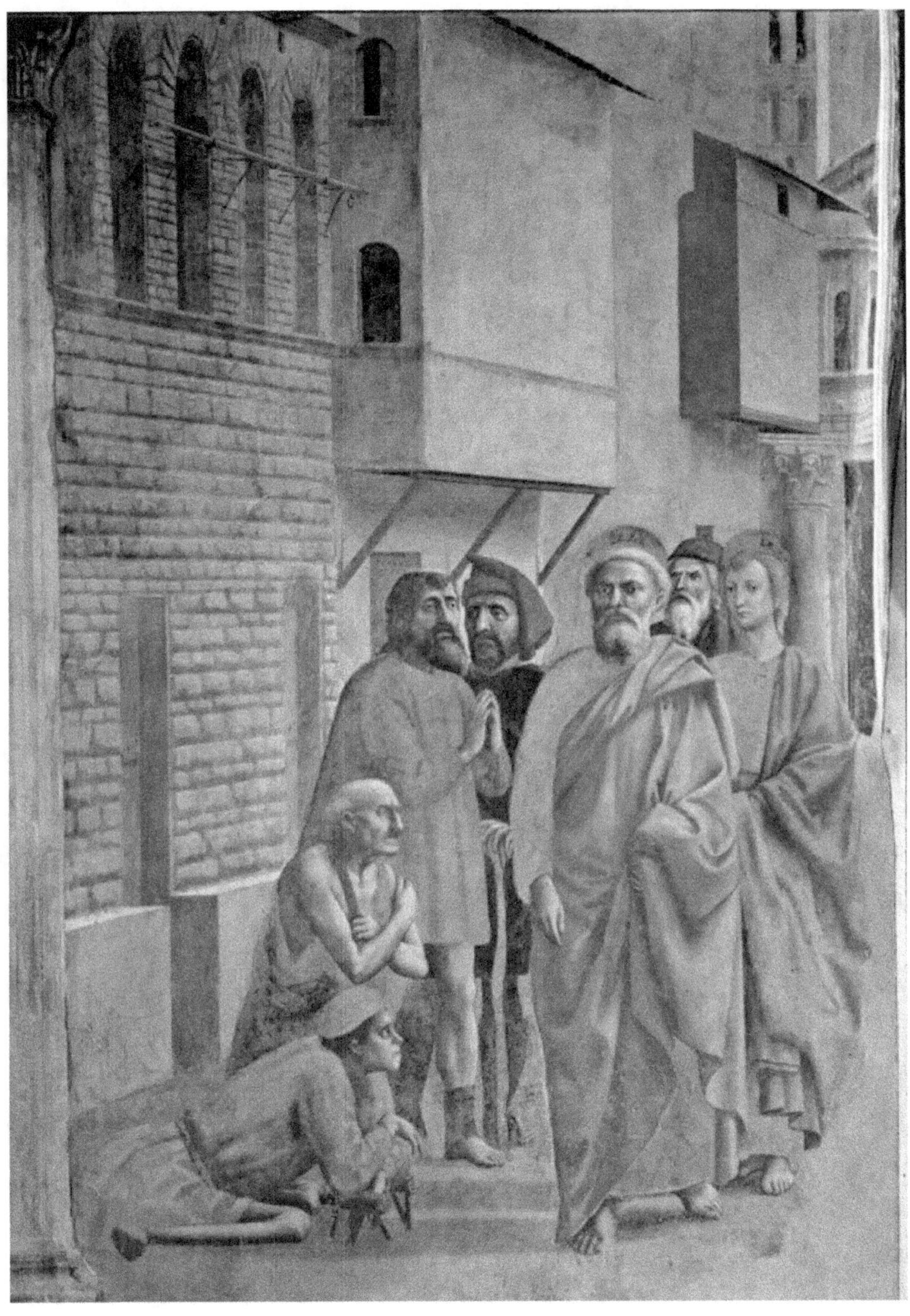

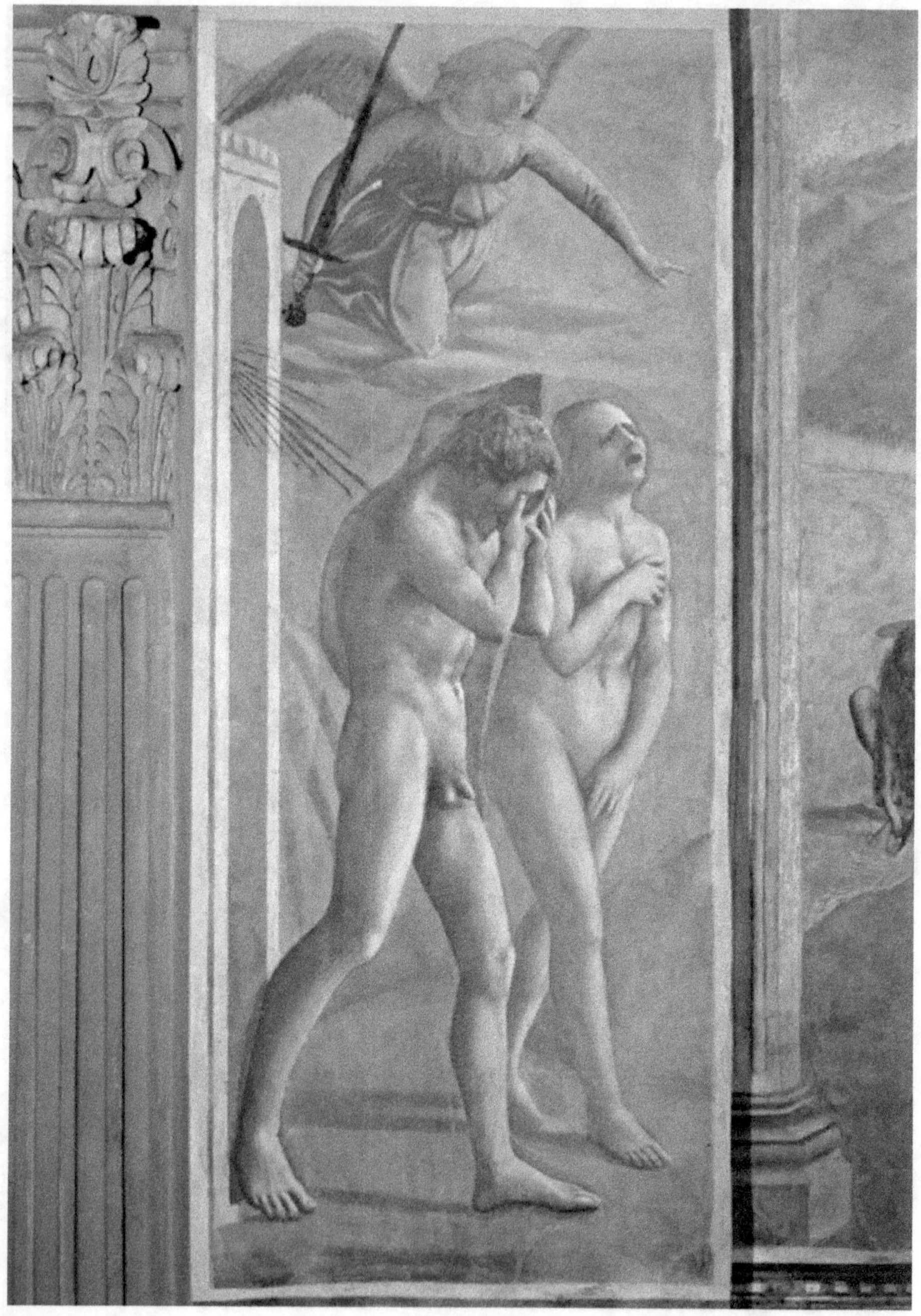

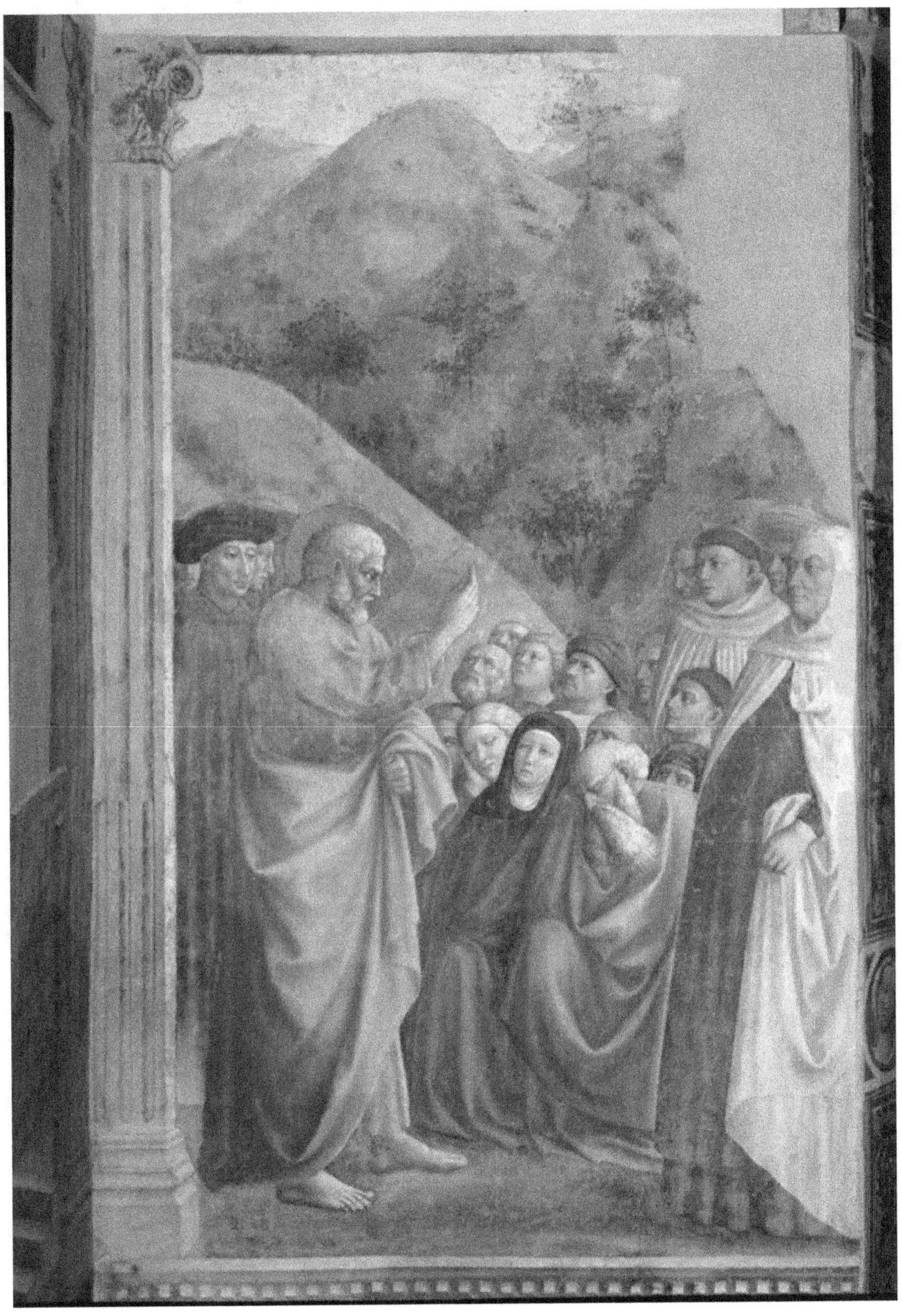

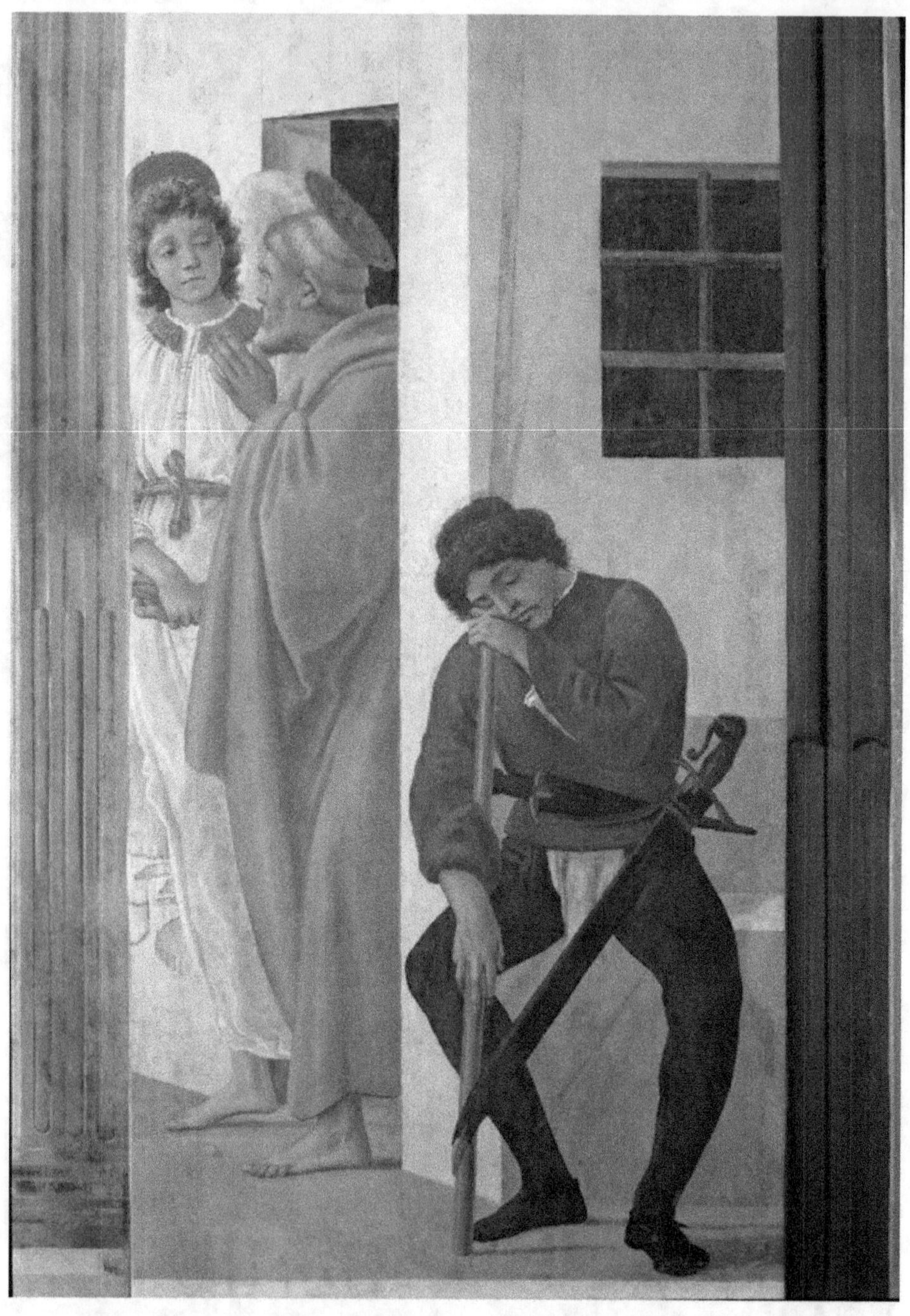

VENTICINQUE DICEMBRE DELL'ANNO PRIMO

Si sa: la ricorrenza cristiana della "Natività" si è insediata sul calco di una festività antica, quella del "Sol Invictus", il sole invincibile che rinasce il venticinque dicembre, apparendo visibile dopo qualche giorno dal suo solstizio generalmente indicato il ventuno dicembre.

Le analogie, anche iconografiche oltre che mitiche, con la ricorrenza pagana radicata nel tardo impero romano, si infittiscono, rendendo di chiara evidenza l'innesto dell'agiografia cristiana con le credenze religiose che la precedettero.

Va bene, è pacifico.

Nessun mistero: un'astuzia della storia.

Che colmava comprensibili lacune nella predicazione, in una Chiesa che veniva strutturandosi dopo l'editto di Costantino del 330 d.C.: non sfugga, tuttavia, che fu l'imperatore romano a decretare la coincidenza del "Natale" cristiano con quello pagano.

Politica e religione non sono mai stati mondi separati.

Ma per il credente, saggio e cosciente, la data ha un'importanza molto relativa: a valere è l'esordio della venuta, il suo contesto, le figure che animano l'evento.

L'inizio di una storia plurisecolare nella quale la civiltà occidentale ha raccolto i germogli di una messe grandiosa.

Un inizio stridente con il futuro: umile, dimesso, delicato, commovente.

Il "Dio" incarnato non porta con sé i simboli del potere, non soggiace nello sfarzo, nasce in un luogo sperduto del mondo allora conosciuto.

Questa sostanza di un "umano troppo umano" capovolto, appartenne, tutta, all'origine dell'ispirazione pittorica di Caravaggio, a un sentimento religioso racchiuso in quel messaggio aurorale di fede dal quale l'artista lombardo non si discostò mai, profondamente compreso nelle tracce di un pauperismo controriformista che fece cardine sulla figura e l'influenza di Carlo Borromeo.

Così, l'immagine si presenta scevra da celebrazioni all'infuori dei gesti e delle espressioni, nel rispetto di gerarchie brillantemente rivisitate: Giuseppe parla, racconta, confida.

Ma rimane una figura senza volto.

Il bambino rivolge lo sguardo alla "vergine".

Maria sente la fatica e "pre-sente" l'esito tragico di quella natività.

Il ciclo prende corpo.

Si concluderà con l'estremo sacrificio: la "croce" alla quale è appesa la fede.

L'ultimo atto è già nella sua prima apparizione.

L'apparizione in scena dell'era cristiana.

Michelangelo Merisi detto "Caravaggio" (1571 - 1610): "Natività con i santi Lorenzo e Francesco d'Assisi", 1600, Oratorio di San Lorenzo, Palermo, copia della pala d'altare originale trafugata nella notte tra il 17 e il 18 ottobre 1969, tuttora oggetto d'indagini e ricerche

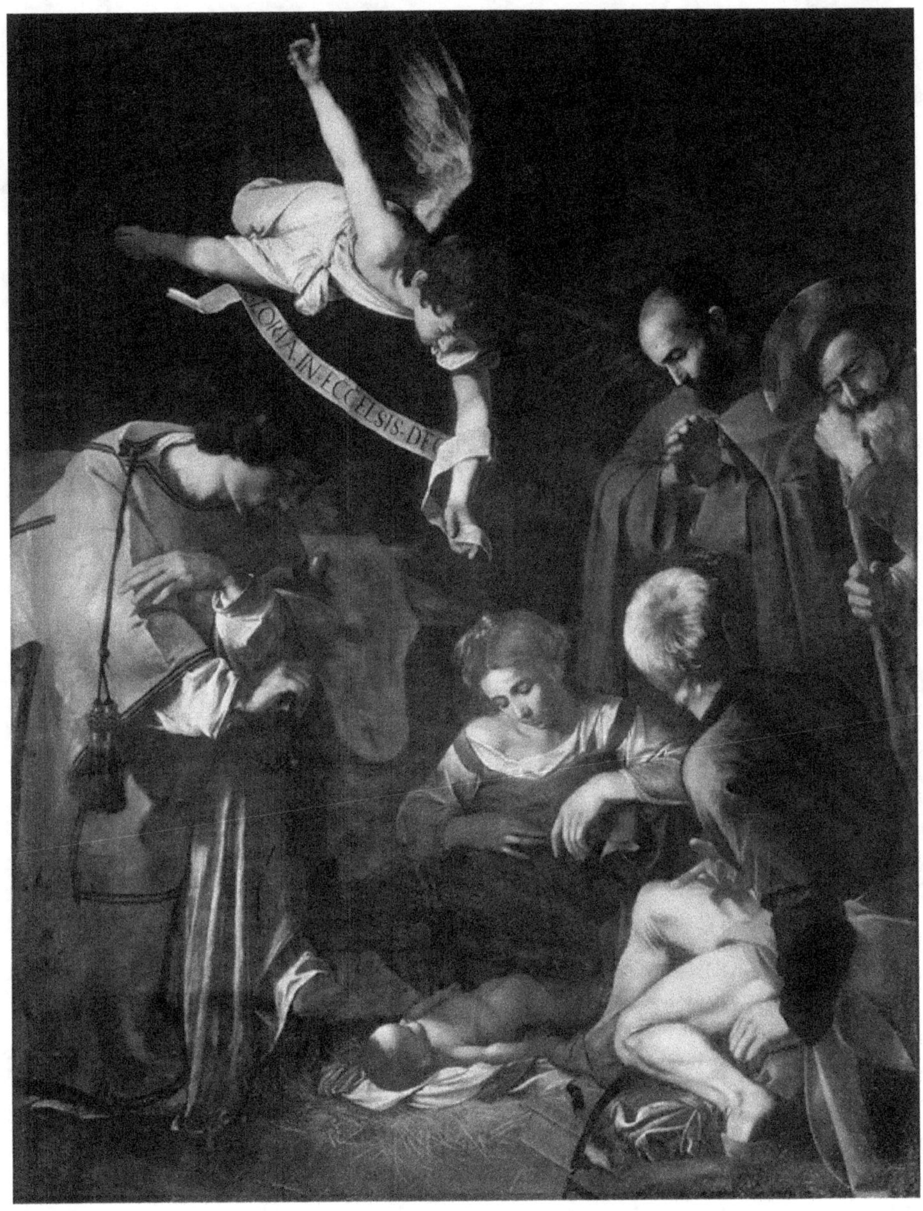
GLORIA IN ECCELSIS DE...

EPIFANIA, APPARIZIONE ED ECLISSI DI UN MONDO

Inutile perdersi in eccessi di parole: lo stile Gotico, il Gotico Internazionale in modo più evidente, evoca una rilettura del mondo.

Non il mondo del "sacro" in particolare, ma una realtà narrata, interpretata, anelata.

Coincide con il "sacro" che si rivela: "ἐπιφαίνομαι" (epifainomai) è l'apparire, la manifestazione di chi sta al di sopra, il divino.

Dunque, un segno dell'incarnazione, un segno di verità tangibile, il reale visibile.

Eppure, il dipinto su tavola di Gentile da Fabriano (1370 -1427), "*L'adorazione dei Magi*", 1423, conservato alla Galleria degli Uffizi di Firenze, riflette una visione ansiosa di saldare la tradizione dell'evento religioso con la dimensione eterea, leggera, preziosa del commento pittorico prevalente in quell'epoca.

Nonostante questo, nei riquadri della predella, le figure, pur mantenendo i tipici tratti eleganti, adagiati e non formati nella luce e nella vividezza dei colori, echeggiano gli impercettibili segni del cambiamento: di lì a poco, tra il 1424 e il 1428, Masolino e Masaccio faranno strame dell'arte trecentesca impegnandosi in un "duello" di stili negli affreschi della Cappella Brancacci.

Lo stile "plastico" di Masaccio prevale.

Non subito.

La rottura dell'illusione è cocente, gridata, quasi feroce nel suo apparire, epifania anch'essa di una cristianità rivelata nell'atto del vivere autentico e non più nell'idillio.

Gentile, il più raffinato tra gli artisti del suo tempo, da artista avverte, sente quel suono lontano che si avvicina.

Lo descrive sulla punta del pennello.

Non può abbandonare l'incanto.

Estremo, ultimo appello alla fiaba.

Prima di un umanesimo che nasce già tragico.

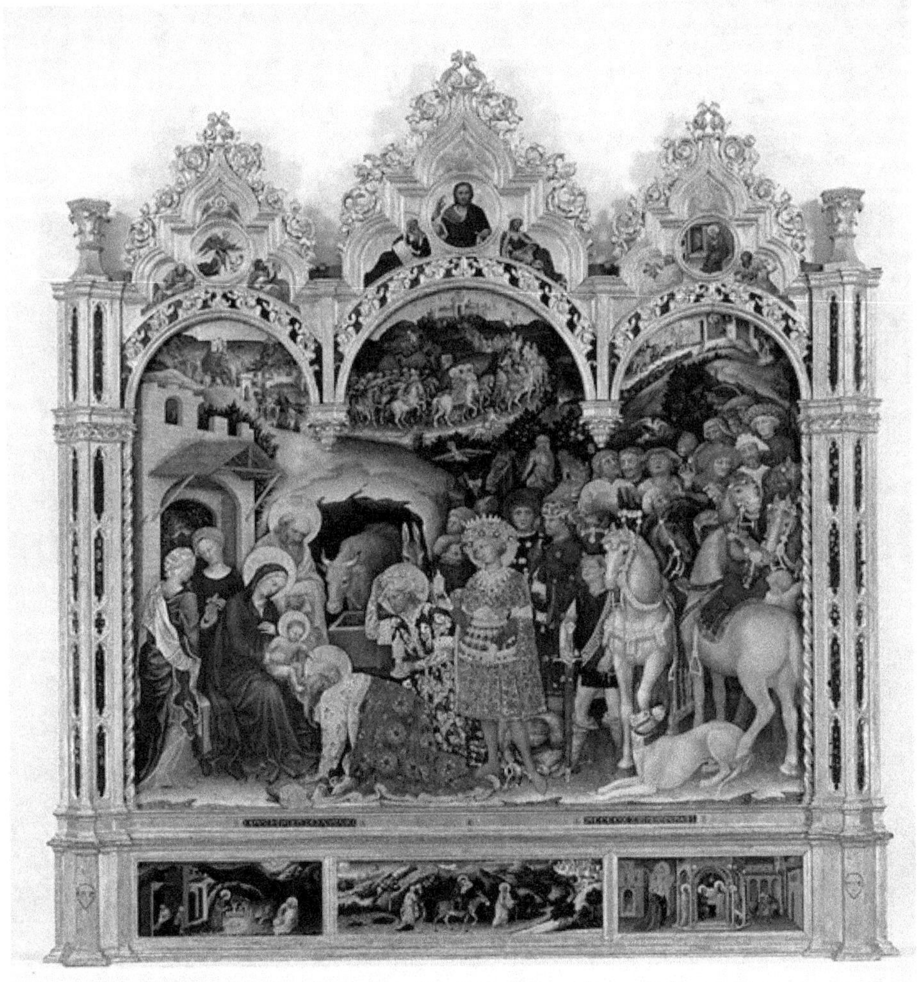

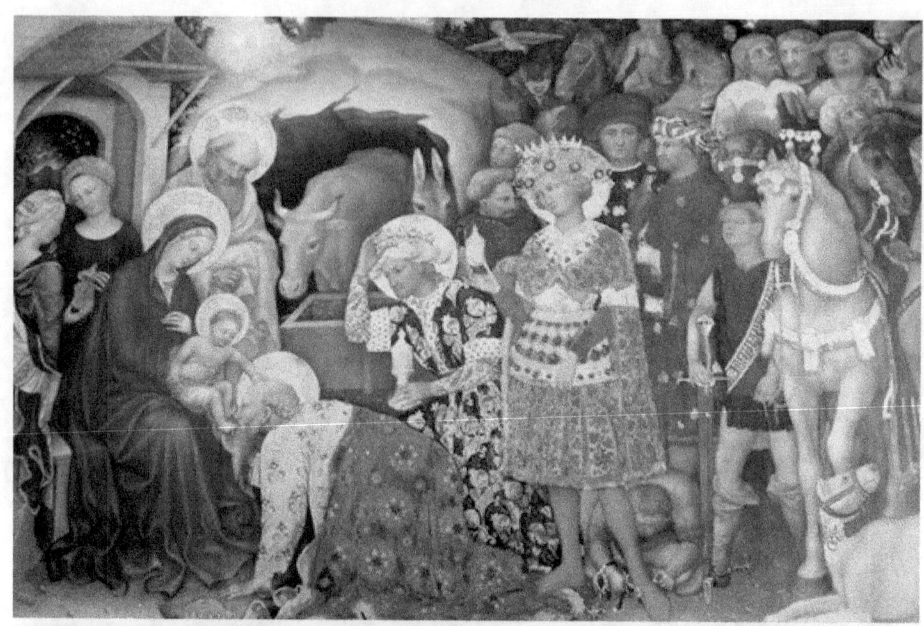

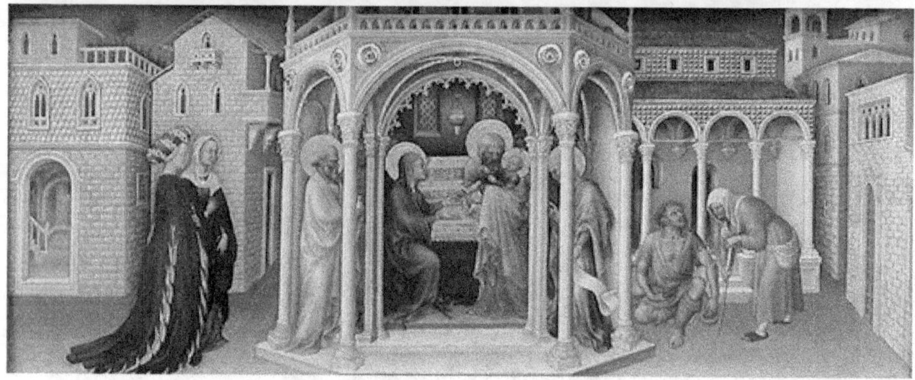

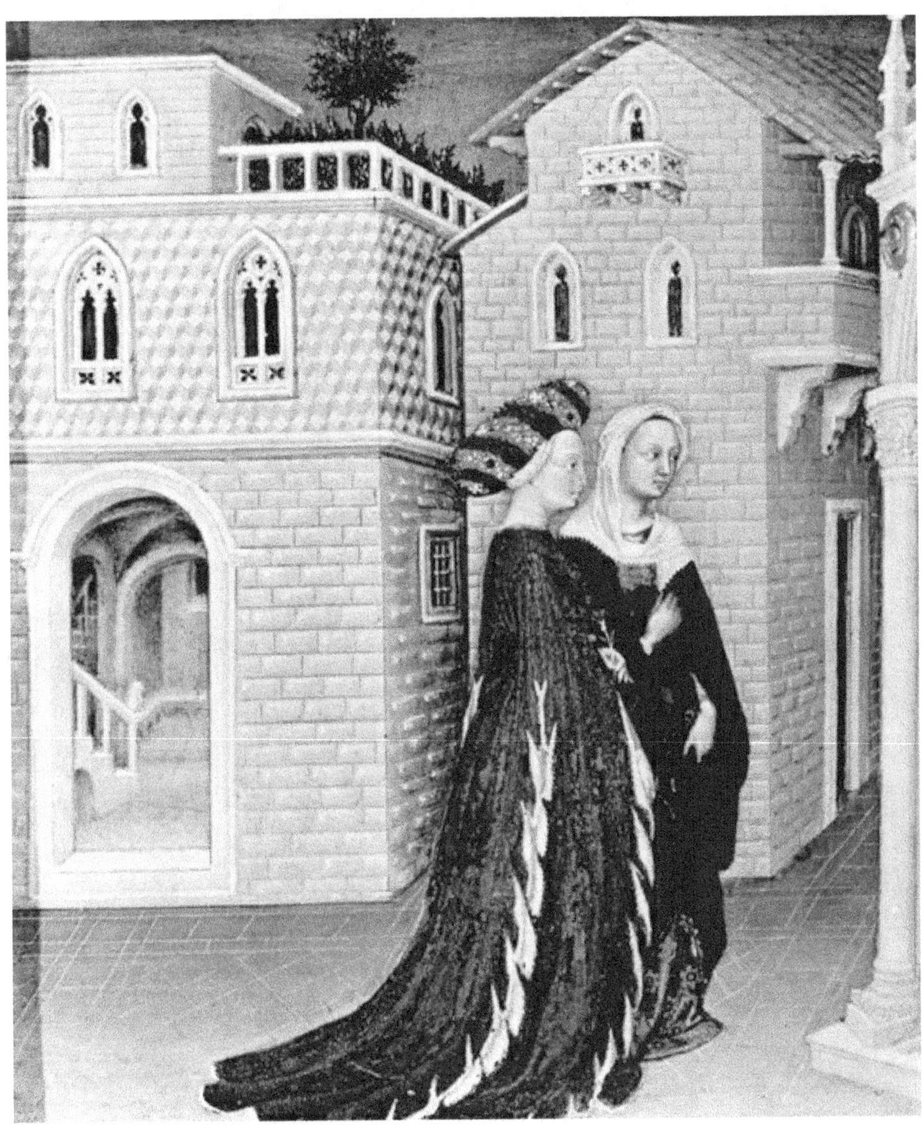

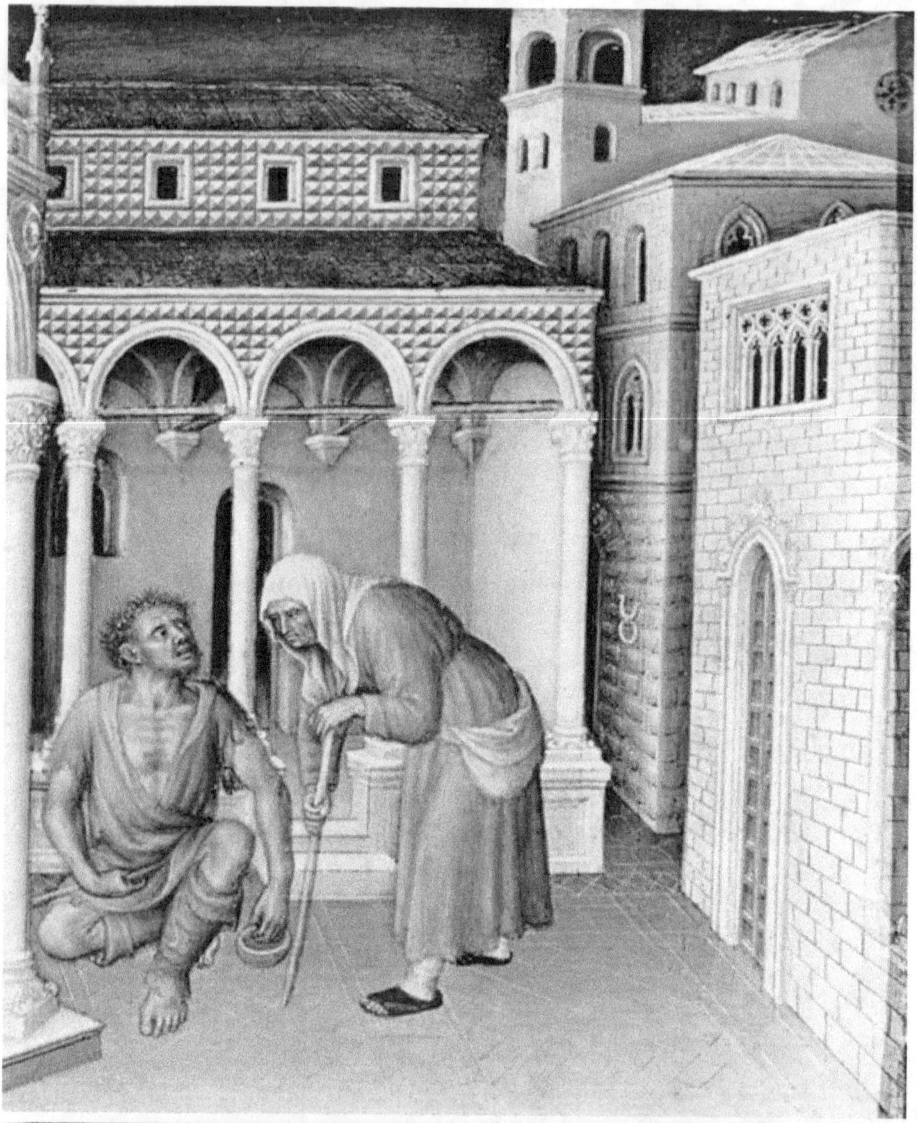

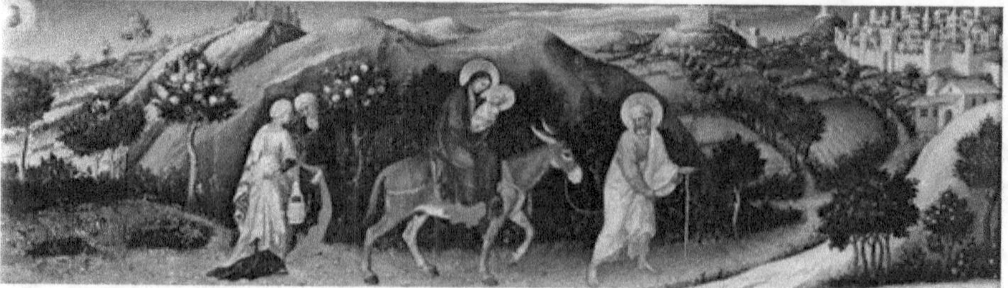

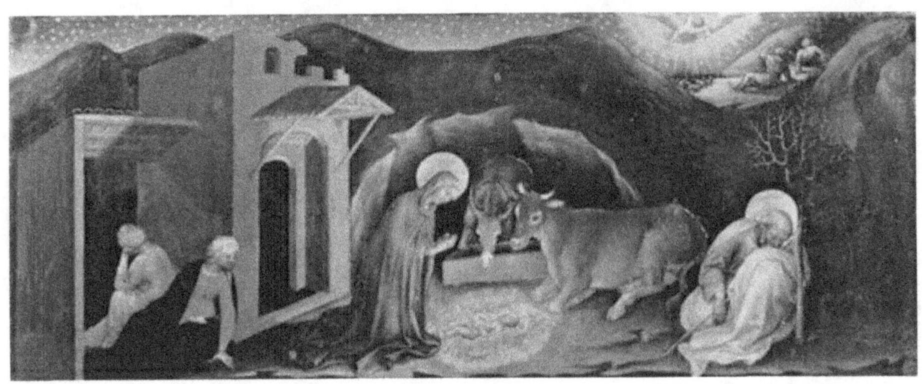

LA PRIMA ANIMA

C'è solo la guerra nel dipinto di Picasso?

No.

È un'espressione di orrore ancestrale.

Quello che pervade, per la prima volta, un fanciullo: possiede i tratti laconici della paura angosciosa.

Così, è ritorno all'origine dell'umano: di fronte al dis-umano, la voce è afona.

Il silenzio guida il pennello.

Lo sgomento può solo l'immagine.

Pablo Picasso (1881 - 1973): "Guernica", 1937, Museo Nacional Centro de Arte Reina Sofia, Madrid

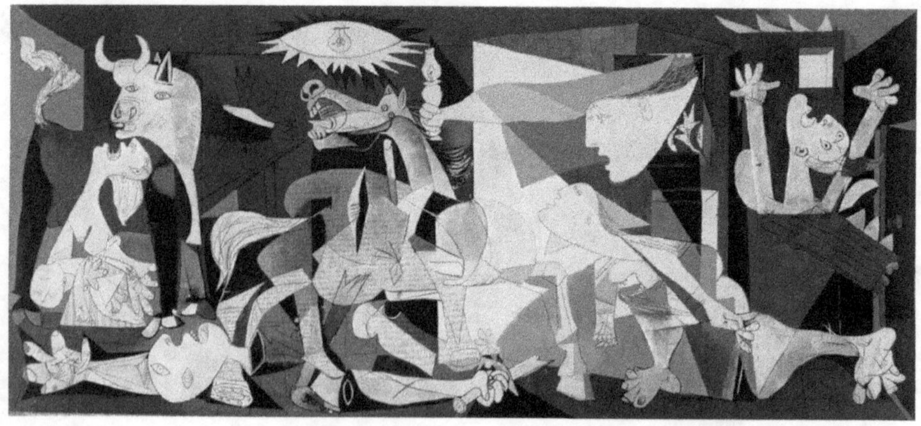

OCCHI DENTRO

L'occhio e l'arte.

Anzi, lo sguardo nell'arte.

Quello che l'osservatore può reggere: non possiede pensiero.

Eppure, quanto è anelato uno sguardo su ciascuno di noi.

Ci ri-guarda: è attenzione, è profondità.

Ma nessuno ha la potenza del nostro.

Ci accompagna senza sosta, presente alla natura dei pensieri.

Muto, precede la parola: la forma e la nasconde.

Alla perenne ricerca della concinnitas: la rinascimentale armonia tra ragione e bellezza.

Eppure, incrocia l'asprezza, sudicia, errabonda, sottile, pregna di carne e di sangue.

Lo sguardo non segna confini: li attraversa sempre.

Guardingo e illuso.

Ebbro di conoscenza.

Malinconico di ricordi.

Enigma di sogni.

Quanti occhi possiede quello sguardo!

Salvador Dalí (1904 - 1989): "Spellbound", 1945, dipinto scenografico per il film di Hitchcock apparso in Italia con il titolo "Io ti salverò"

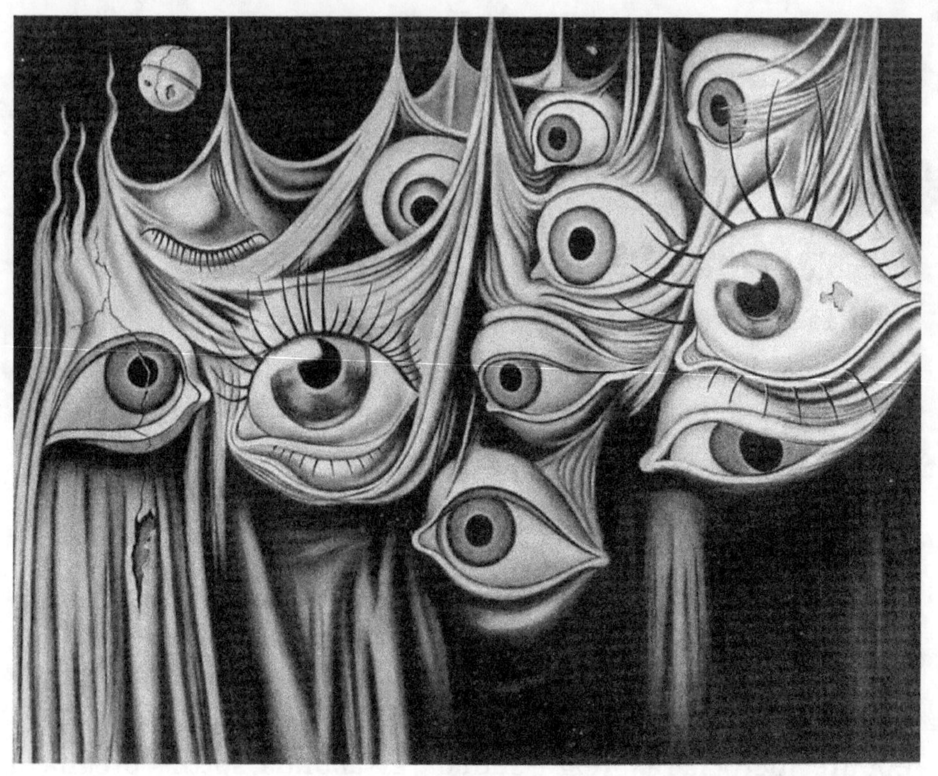

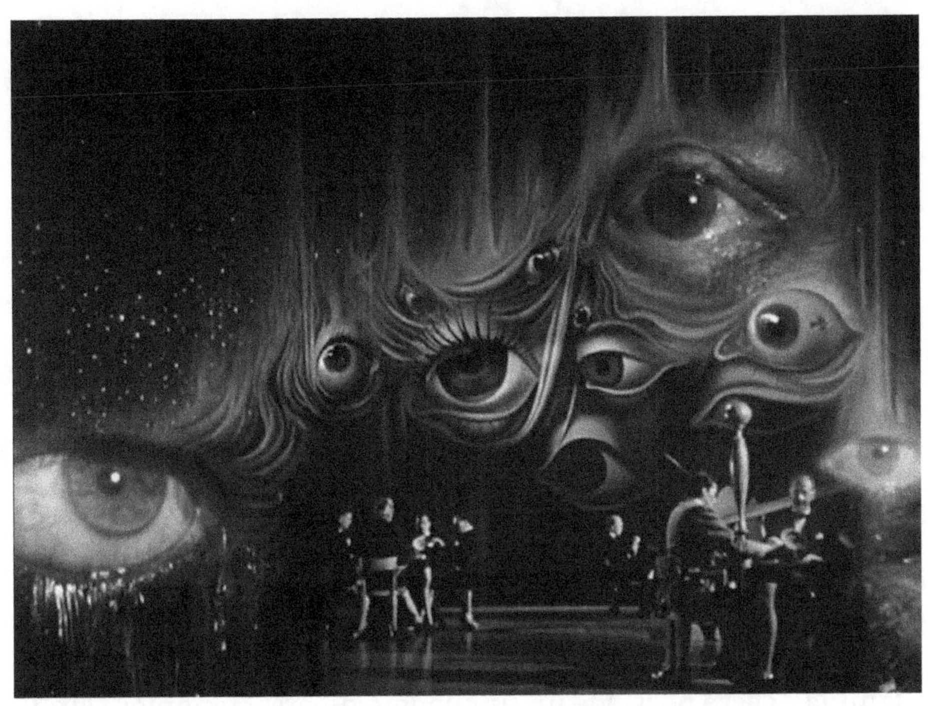

FENOMENOLOGIA DELL'ISTANTE

Monet e la pittura impressionista alla fine dell'Ottocento.

Immagini.

Di un identico scenario.

Compararle per stabilire una gerarchia di valore estetico?

Inutile.

Ognuna di esse possiede un linguaggio diverso: fenomeni simili ma originali, tracce di eterogenee visioni, affermazione del differenziato.

Emerge così il segno della "mediazione" sensoriale, dell'artificio come soggettività che coglie il molteplice.

L'istante ritrova la sua radice: frammento di materia in un frammento di tempo.

Ma c'è altro.

È il loro contenuto.

Quello scenario identico che rinnova un'attrazione inesplicabile: il "significante" del concetto d'infinito, struggente tensione contemplativa per l'inafferrabile visione.

La materia, ferma eppure dinamica, parla ai sensi.

È una sintassi muta.

Eppure, potente.

I dipinti sono di Claude Monet (1840-1926) e raffigurano le varia-

zioni atmosferiche che incidono sull'immagine percepita del portale della Cattedrale di Notre Dame a Rouen, dipinte tra il 1892 ed il 1894.

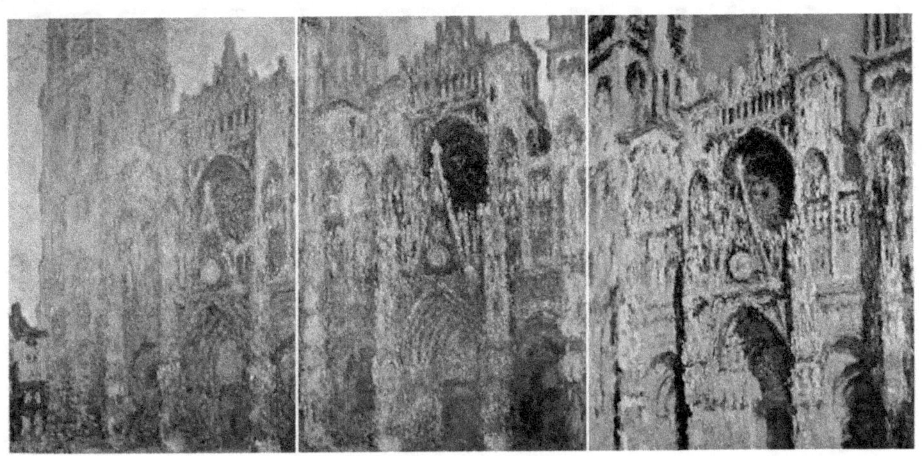

IL COLORE OLTRE L'OMBRA

Ancora oggi, Giovanni Francesco Barbieri detto il "Guercino", è considerato un pittore raffinato, iscritto nel catalogo ideale del classicismo seicentesco capace di attenuare la resa reale delle rappresentazioni con la nitidezza vivida dei colori ora sfumati, ora esaltati.

A veder bene, ci si trova innanzi un "maestro" del colore, trattato alla stregua di materia.

Le figure, anche se così ben disposte sulla scena, "carraccesche" o "caravaggesche" che dir si voglia, non hanno corpo ma colore.

Colore cangiante, dotato di mille tonalità, ora acceso ora ridotto a ombra.

Ma sempre lì, in primo piano o sullo sfondo, il colore domina.

Solo un particolare gusto estetico?

Forse.

In tarda età questa passione per il colore gli venne contestata come esilio della rappresentazione veridica che caratterizzò la sua epoca.

Tuttavia, per il pittore di Cento, il rilievo dell'immagine appare concentrato in uno strumento innegabile: l'impatto dei contrasti di luce dati dalla ricerca coloristica.

Come se già fosse presente, in lui, il salto espressionista, il significato dell'intensità cromatica che afferma l'essenza della pittura e reagisce al verismo ottundente dell'immagine sacra.

Questa è fuori dal tempo, oltre ogni ricerca del reale: vive di luce, pregna o tenue, carica o sottile, pesante o lieve.

Se è rappresentabile, solo così può essere mostrata.

È un modo di dipingere che fa omaggio all'ultraterreno.

Distingue.

Anche il mito.

Senza compromessi.

Ricorda all'osservatore la dimenticata differenza.

Anche della pittura rispetto a ogni altra forma d'arte.

Guercino (1591 - 1666): "Sepoltura e gloria di santa Petronilla", 1623, Pinacoteca Capitolina, Roma

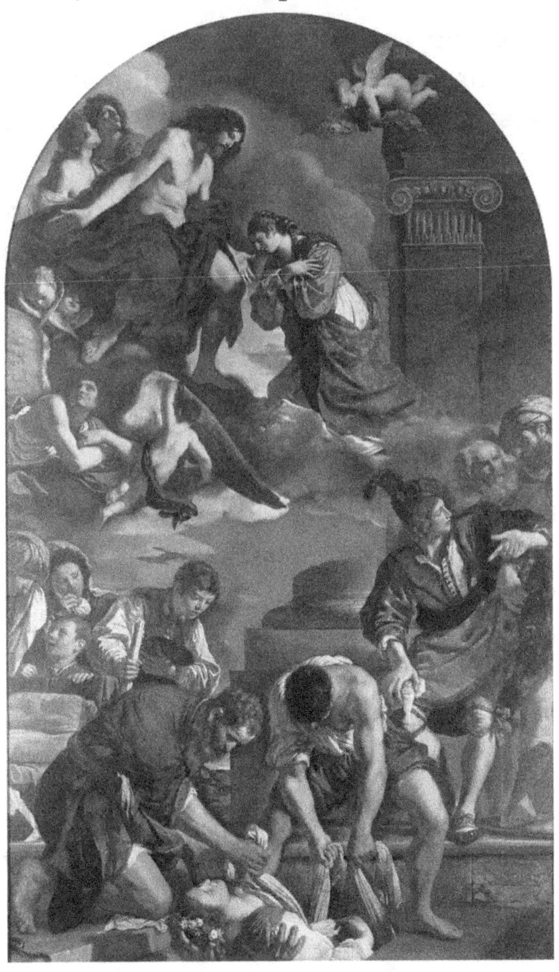

IL '400 DA SOTTO IN SU

Nel paragone con gli altri due celebri "David" (di Michelangelo e poi di Bernini), quello di Donatello (1386 - 1466), scompare, come schiacciato dal valore attribuito all'intensità che precede il gesto nei primi due.

Eppure, quando realizza intorno agli anni 40 del '400 il suo "David" di bronzo rilucente, Donatello gli infonde, coniugandole in un'espressione passionale, la morbidezza di forme efebiche e l'energia di una sensualità sprezzante.

È una figura trionfante, ancora presa sulle labbra dal gusto carnale per l'atto violento che ne ha fatto vibrare il corpo e l'anima solo pochi istanti prima.

Il corpo ormai in stato di riposo tradisce l'ansia vissuta, placata dalla voluttuosità tattile della testa di Golia sotto la pianta del piede.

E mentre osserva l'immaginario spettatore dall'alto in basso (il modo in cui doveva apparire l'opera ai suoi contemporanei, su una slanciata colonna, il modo in cui la si dovrebbe ammirare ancora oggi per coglierne il significato), si esibisce in una posa carica di fierezza bramosa e disinibita che solo la gioventù può donargli.

"...Davide fece un salto e fu sopra il Filisteo, prese la sua spada, la sguainò e lo uccise, poi con quella gli tagliò la testa"...

"...Saul, mentre guardava Davide uscire incontro al Filisteo, aveva chiesto ad Abner capo delle milizie: «Abner, di chi è figlio questo giovane?».

Rispose Abner: «Per la tua vita, o re, non lo so».

Il re soggiunse: «Chiedi tu di chi sia figlio quel giovinetto». Quando Davide tornò dall'uccisione del Filisteo, Abner lo prese e lo condusse davanti a Saul mentre aveva ancora in mano la testa del Filisteo.

Saul gli chiese: «Di chi sei figlio, giovane?».

Rispose Davide: «Di Iesse il Betlemmita, tuo servo»."

- La Bibbia, Primo Libro di Samuele, Cap. 17 -

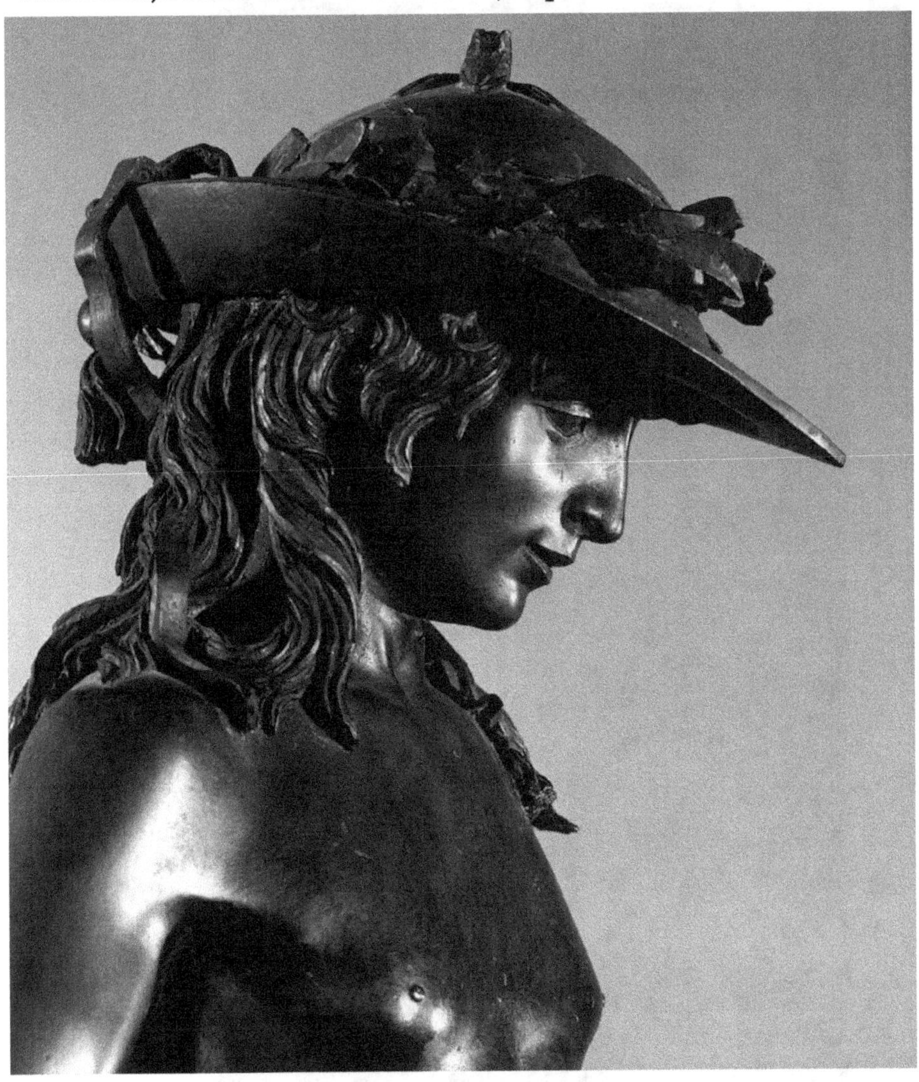

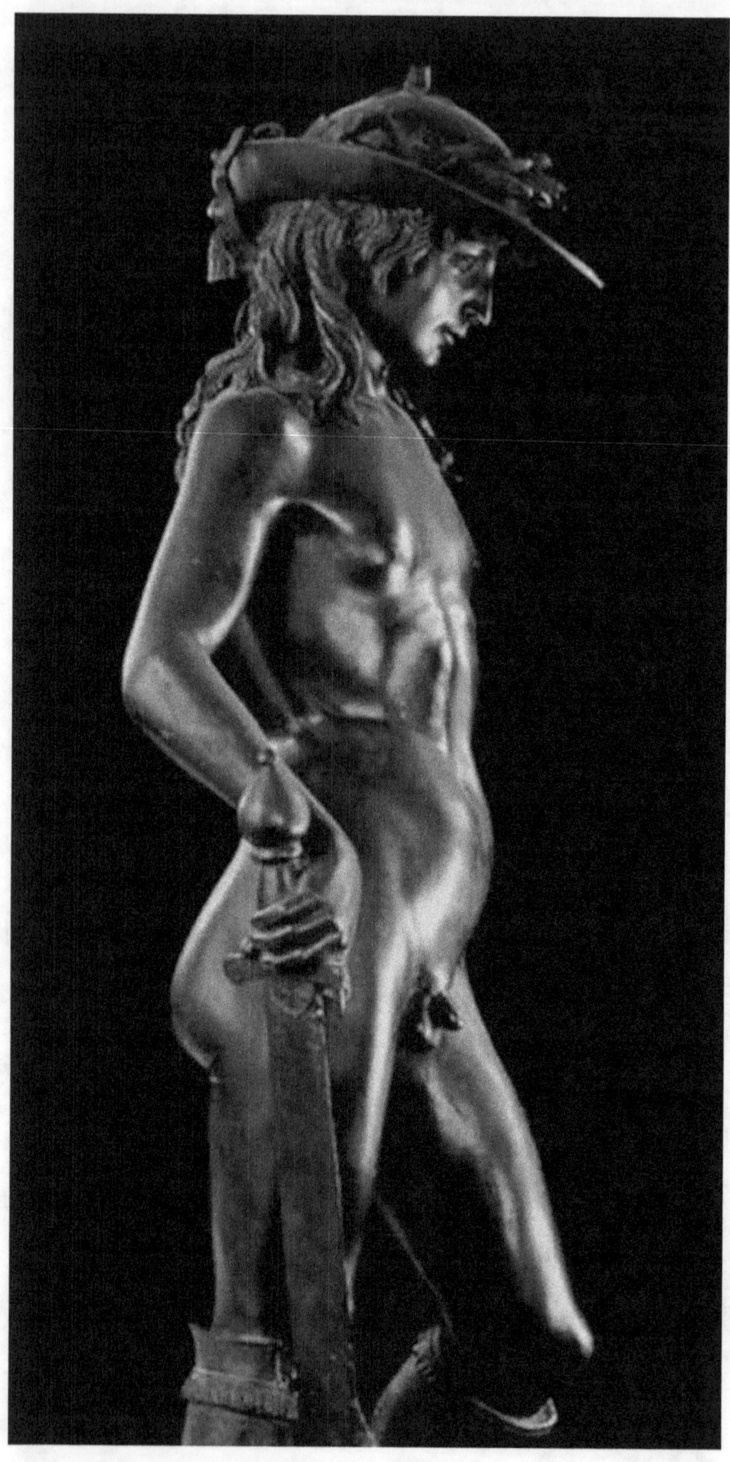

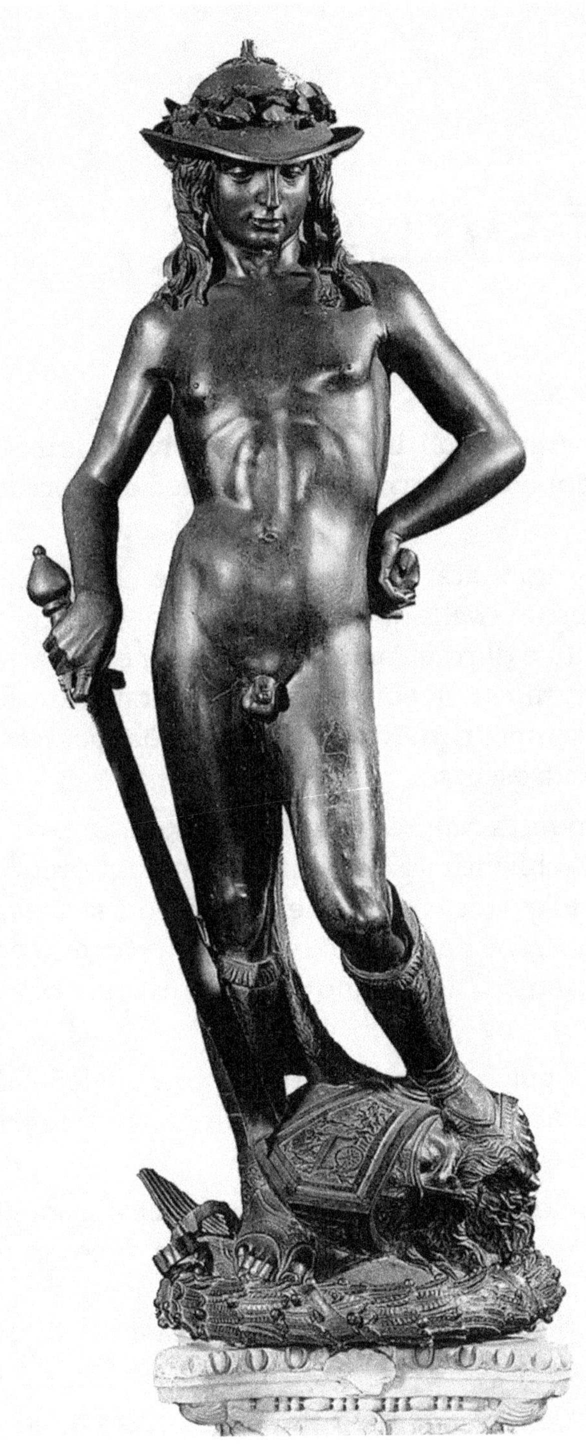

L'ORRORE SVELATO

Sorride.

Ma è un sorriso imposto.

Con gli occhi parla, sgranandoli in un'estrema invocazione di aiuto, con un'espressione di smarrimento che sfocia in orrore incombente.

La figura è come imprigionata in una condizione che non le appartiene, una dimensione nella quale l'esibizione del seno prosperoso, simbolo di vita e di prorompente erotismo, è volgarizzata dalle strette cinture che avvolgendola ne brutalizzano la forma e, nello stesso tempo, rimarcano l'attributo del possesso ormai ceduto a una forza oscura.

È una donna dolente questa rappresentata da De Kooning, trattenuta in uno stato di schiavitù da una forza mostruosa e tentacolare che la circonda e l'avvolge in una melassa vischiosa che ne ha deformato le fattezze, che ne ha consumato ogni parte ad eccezione dell'unico attributo fisico degno di essere esposto come in una vetrina.

Nella visione esteriore potrà avere l'aspetto di una modella, di una donna attraente e affascinante o di una donna in atteggiamento licenzioso, dissacrante e coinvolgente.

Ma nell'essenza del suo essere, l'occhio rivelatore dell'artista ne disvela la triste condizione, con un crescente senso di commovente pietà per un'anima desolata nell'abbandono, rassegnata a un destino tragico, eppure ancora capace di un sussulto, di un anelito di vita interiore.

Le pennellate "furenti", in un contesto che ha un suo evidente tratto narrativo di stampo espressionistico e dove peraltro si può perfino cogliere un accenno di dimensione prospettica, nella figura e nello sfondo, lasciano cogliere la forza del gesto creativo, tratto caratteristico dell'arte informale della quale New York fu il crogiolo e nel quale De Kooning fu un indiscusso protagonista e sensibilissimo interprete.

La sua poetica, il suo difficile, drammatico rapporto con l'afflato creativo, trova un significativo riscontro in questa "Woman I" nella quale sembra riecheggiare una sintomatica frase dell'autore, pronunciata nel 1960 durante un'intervista radiofonica: *«Per me è sempre stato molto difficile decidere quando un quadro era terminato, lo riconosco. Ma ora va meglio. Smetto di lavorarci, semplicemente».*

Willem de Kooning (1904 - 1997): "Woman I", 1952, MOMA, New York

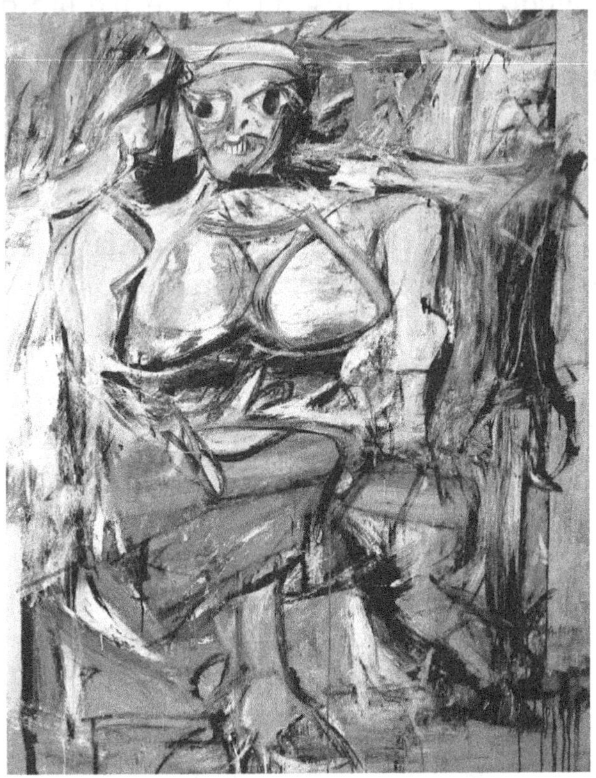

LE COSE NON DETTE

La scena è scarna.

Il chiaroscuro è appena accennato.

Di primo acchito, la costruzione del dipinto appare come una prova d'accademia che spingerebbe a valutare solo il livello plastico dell'immagine.

Se non fosse per un oggetto che si staglia in primo piano connotandosi come un "primus inter pares".

Improvvisamente, seguendo il filo di quest'intuizione, il dipinto prende vita quando lo si osserva dall'angolo di vertice alto a sinistra seguendo l'ideale linea che attraversa l'imboccatura del collo della bottiglia fino al vaso blu a destra - una sorta di linea vettoriale - facendo provare la sensazione di oggetti che si animano, che seguono una gerarchia di marcia in senso prospettico, capitanati proprio dallo sgargiante vaso blu nel ruolo d'avanguardia: come un condottiero che guida questo piccolo drappello in fila indiana.

È sempre il vaso blu a rompere lo schema comunicativo/semantico iniziale della natura morta: non appartiene alla categoria degli oggetti che lo accompagnano nella rappresentazione.

I suoi colori vivi non sono paragonabili alla fredda trasparenza e al bianco virginale di quegli altri.

Questo apre un altro scenario della visione.

In tanta ricercata compostezza e sobria semplicità, in una dimensione che sembra esprimere staticità e assoluta assenza di un significato se non quello prettamente connesso al proporsi dell'immagine "pura", non è solo il vaso blu ad apparire d'incerta collocazione, ma anche un ambiguo calice che di certo non può appartenere a quel contesto.

E poi, perché la tazza è adagiata su un fianco?

Infine, come mai il coltello è in bilico, peraltro con la lama nell'inconsueta posizione verso l'esterno?

Insomma, quell'accenno a un'impostazione accademica si manifesta un grossolano inganno, quasi una boutade, lasciando spazio a una riflessione nuova, qualcosa che rimanda al pirandelliano "sentimento del contrario" con il quale esprimere la condizione umoristica della realtà.

Morandi è un caso artistico singolare, di altissimo profilo, particolarmente significativo nella rappresentazione di "forme" in rapporto allo "spazio".

Si dedicherà esclusivamente a nature morte, bottiglie, qualche paesaggio.

In lui l'immagine è studio della visione, in un ideale e per nulla ardito ponte con Cezanne.

Ammira Picasso ma anche Henrì Rosseau, premonizione del suo interesse per De Chirico e la "metafisica", per il mondo delle "cose non dette".

Dunque, anche nella sua biografia artistica si riscontrano echi di una parte nascosta che va oltre la considerazione tecnico-strutturale e razionalista delle sue opere: è come se, oltre la figurazione, Morandi intendesse sottintendere qualcos'altro, come capita a chi è capace di mascherare, con una formale patina di cinismo, il moto sarcastico di una battuta mordace, dietro la quale si cela la concezione della realtà ormai penetrata da uno spirito disilluso e consapevole.

Ora, non c'è davvero nessun senso dell'umorismo e nessun sarcasmo nel dipinto in esame?

Davvero non significa nulla la lunga e intensa amicizia e condivisione intellettuale e culturale di Morandi con uno dei maestri della comunicazione giornalistica del Novecento come fu Leo Longanesi, straordinario creatore di aforismi celeberrimi?

Invece, c'è una relazione.

E accompagno questa vaga intuizione con una frase dello stesso Morandi che mi pare significativa: «*Per me non vi è nulla di astratto: per altro ritengo che non vi sia nulla di più surreale e di più astratto del reale*».

Giorgio Morandi (1890 - 1964): "Natura morta (Il vaso blu)", 1920, Museo Morandi, Bologna

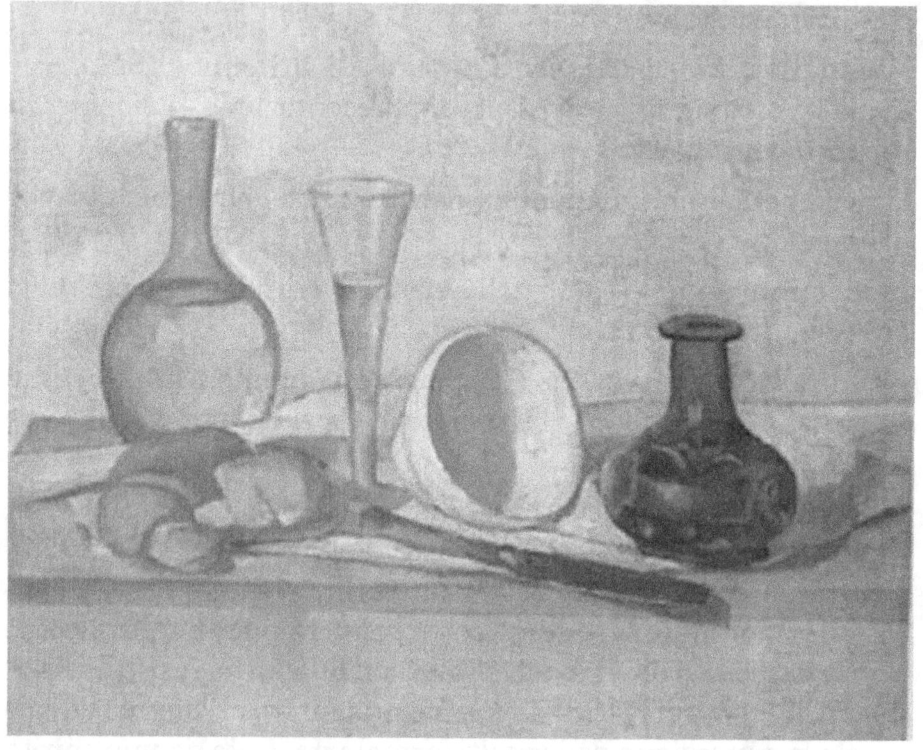

LA BIBBIA DI PIETRA

Lo stile di Wiligelmo è sintetico, essenziale, per certi versi brutale nel suo tentativo di descrivere con potenza narrativa i temi della fede.

Si consideri il ciclo delle "Storie della Genesi", le lastre in altorilievo poste sulla facciata della cattedrale di Modena.

Si tratta di un racconto che prende avvio dalla "creazione", prosegue con il "peccato originale" e la "cacciata dal paradiso" fino all'uccisione di Abele, poi la morte di Caino e il diluvio universale con "l'arca di Noè".

Sono come le "strisce" di un fumetto antico.

Una in particolare mi ha attratto, per la semplicità ricca di significati nella sequenza di quattro narrazioni: al Dio incorniciato in una mandorla, retta da due figure angeliche, segue il dio "creatore" che infonde il soffio vitale a un tozzo Adamo ancora piegato dall'inanità.

Poi è da un Adamo dormiente che Dio trae Eva, donna sorta dalla costola dell'uomo.

Quindi Eva coglie la mela e Adamo la divora.

Come dare intensità alla colpa suprema?

Ecco il primo colpo d'artista: Adamo ed Eva che nelle fasi di creazione mostrano le proprie nudità, nella scena del peccato, entrambi, si coprono il pube.

L'iniziale, innocente purezza è perduta per sempre e con essa sorge la condanna dell'umanità alla fatica, alla sofferenza e alla violenza che saranno i temi delle scene successive.

Come uno spot: un racconto evocativo in pochi istanti.

Così, la cattedrale romanica diviene una bibbia squadernata per il popolo dei fedeli, semplificata dalla forte valenza espressiva delle immagini private di allusioni estetiche gratuite, inutili, ridondanti.

Wiligelmo va "dritto al sodo".

Ma perché?

Perché egli sceglie questo genere di modello, che può essere accostato alla tradizione tardo-antica?

Si tratta di adattare proprio l'intuizione agiografica della Roma del IV secolo a una sensibilità nuova, che sostiene l'atto espressivo e lo fonde in un'esigenza finalistica.

La struttura paratattica delle "Storie della Genesi" di Wiligelmo è pura estetica della narrazione: come tale, non ricerca il virtuosismo se non divenendo capace di cogliere, nella successione rapida dei segni, l'intuizione esegetica dello spettatore.

Poiché la cattedrale romanica è il centro vitale della città medievale nell'epoca della rinascita, tra i secoli X e XI, ebbene essa non può che assumere in sé ogni funzione di emanazione del sistema culturale che rappresenta.

E poiché non esiste cultura priva di interazione comunicativa, la cattedrale romanica diventa la fonte di un modello di vita, scrigno prezioso di valori sociali fondati sull'espressione dello spirito religioso.

Come nel caso dell'icona che è "soggetto-oggetto" di devozione, la cattedrale e le sue sculture sono una ponderosa icona di pietra alla quale i fedeli possono rivolgere le loro attese di conciliazione con lo spirito universale e dalla quale trarre identità.

La cattedrale, non è una parentesi nelle vicende dell'uomo medievale, ma presenza dell'indispensabile manifestazione di valori attestati e condivisi.

Ecco perché un artista come Wiligelmo plasma le figure in un'essenziale funzione estetica.

Anche negli aspetti apparentemente più minuti: l'attenzione che rivolge all'articolata e naturalistica realizzazione della veste del "creatore" è esigenza di contrasto con i corpi nudi e rozzi di Adamo ed Eva, è comparazione del divino e dell'umano, è intuitiva descrizione della figura nobile.

Questa è la salda ed intellegibile regola grammatica della figurazione.

Tanto di cappello a Wiligelmo, il "Kubrick" del Medioevo.

Wiligelmo (vissuto tra l'XI e il XII secolo), "Storie della Genesi" (1099 circa), facciata del Duomo di Modena

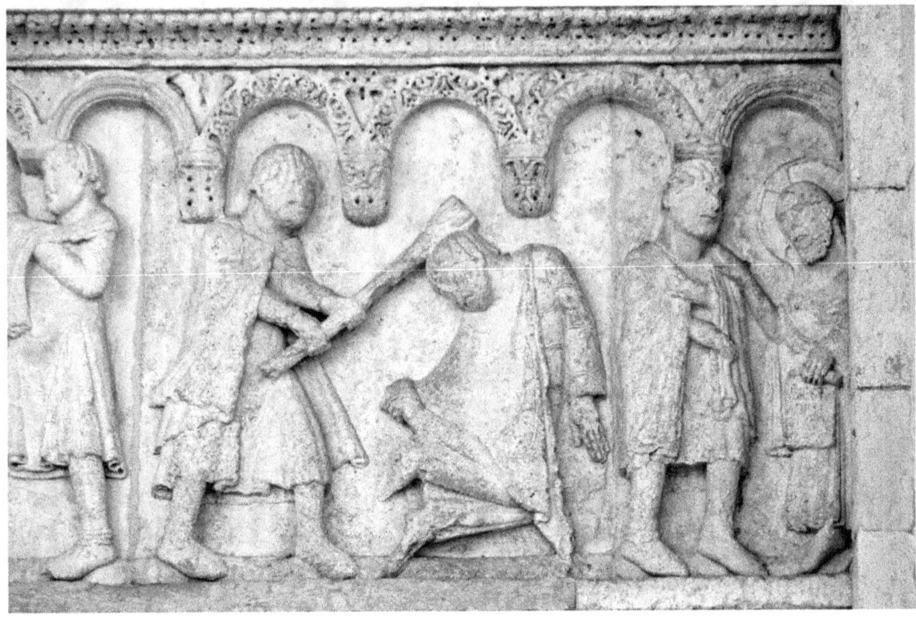

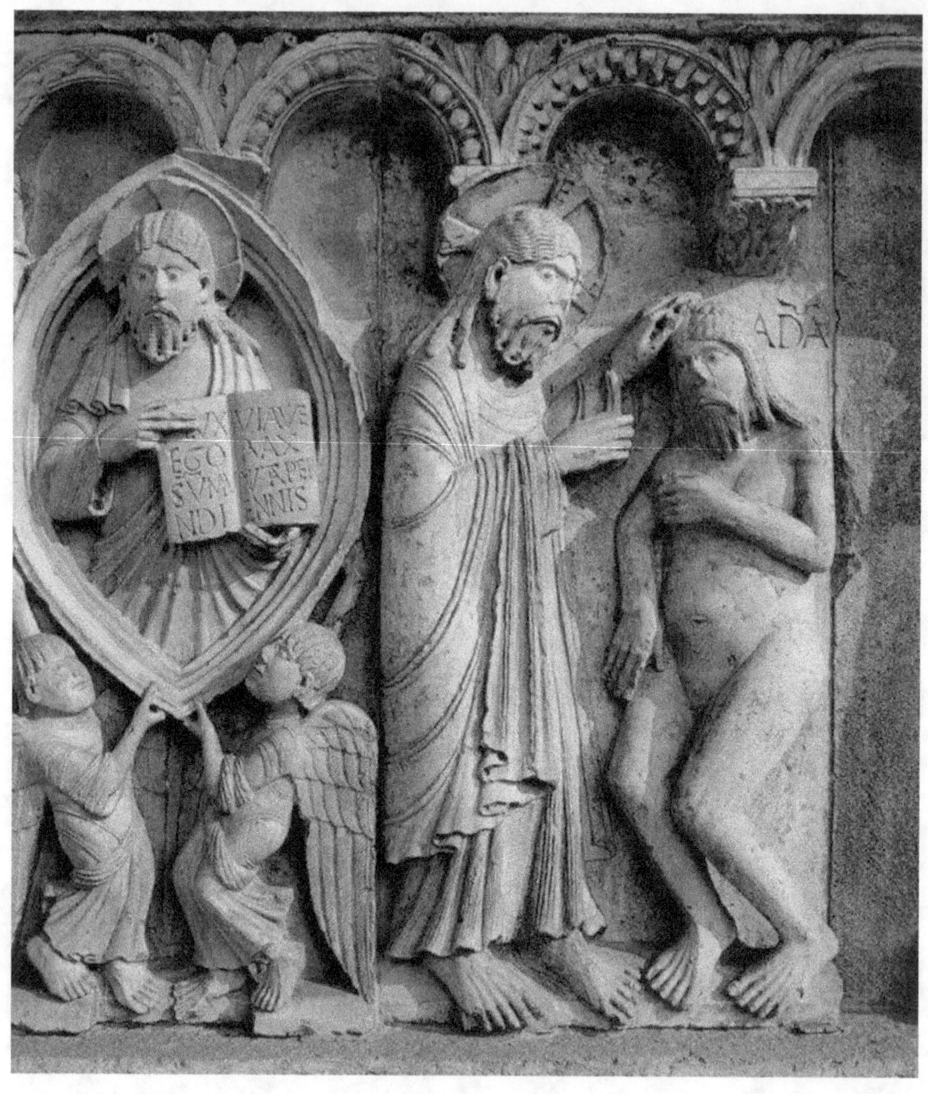

NVIAVE
EGO
SVM
NDI
VAPE
NNIS
ADA

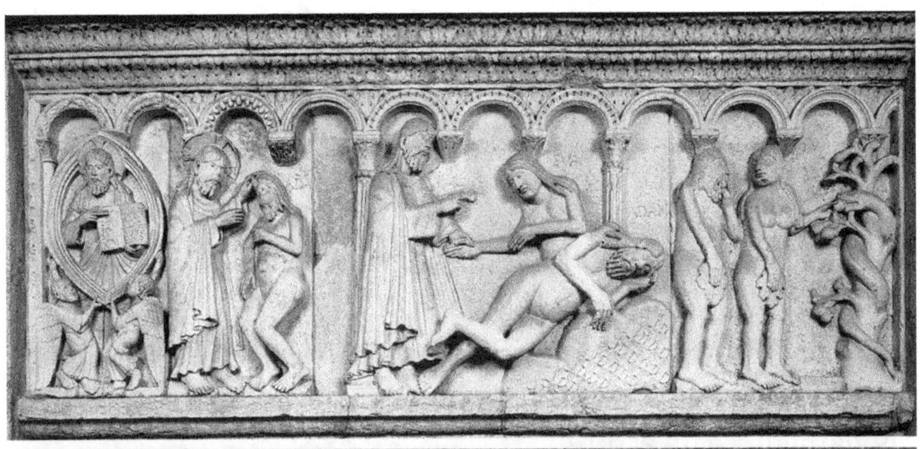

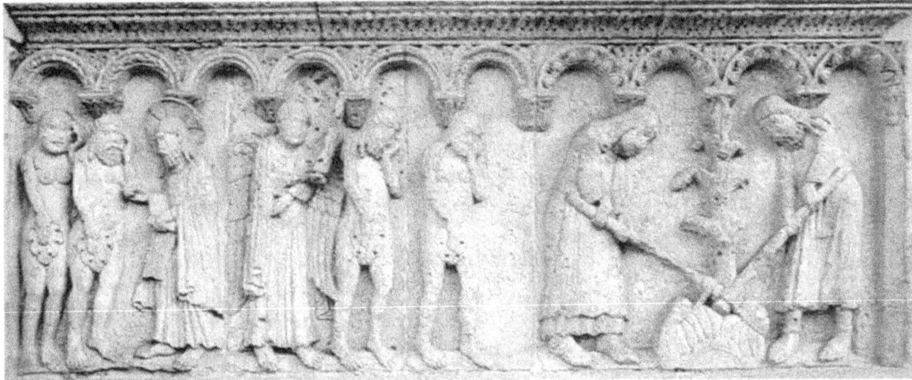

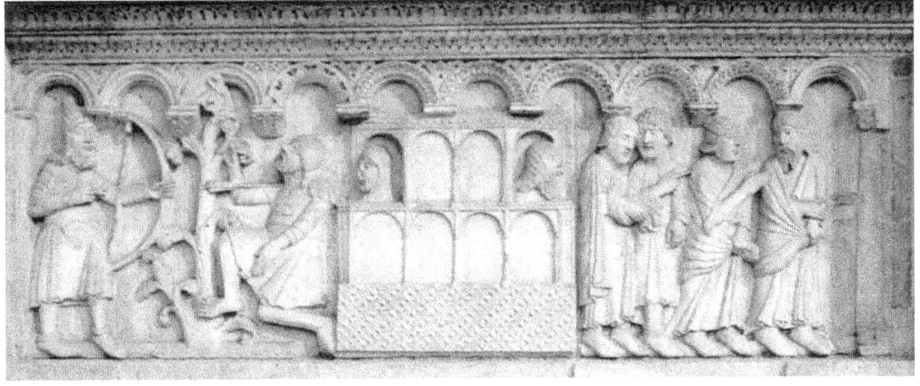

LE RADICI DELLA CRISI

Quando si pensa al "Rinascimento" in Italia, le espressioni si fanno idillio.

Ovviamente, è un errore.

Velato dalla bellezza delle arti plastiche e pittoriche in anni di densa produzione e di "maestri" inarrivabili, paradigmi della successiva "maniera".

Ma nell'Europa del Nord, la crisi spirituale e con essa il rivolgimento delle società e degli individui, la cui collocazione al centro della vita è già indice della modernità, si afferma senza infingimenti.

Nessuna illusione, neanche qui: si tratta di un'altra forma di retorica, severa, austera, grigia.

No, ancora di più: tormentata, angosciata, ossessionata.

L'intero vecchio continente ne verrà stravolto: l'età protestante, la riforma, la reazione delle gerarchie romane, le lotte di potere, il fanatismo religioso, la guerra, fino al "Sacco di Roma", avvenimento spartiacque che segna la fine della centralità della Chiesa cattolica e, paradossalmente, anche la fine dell'Impero incarnato da Carlo V.

Entrambe le istituzioni protagoniste della storia, stanno per subire l'avvento delle Nazioni.

Lunga fu la scia, si estenderà per tutto il XVI secolo fino alla Guerra dei Trent'anni tra il 1618 e il 1648 e alla pace di Vestfalia che darà un nuovo assetto all'Europa.

La Germania rimarrà frammentata in Stati che potranno trovare unità solo oltre due secoli dopo.

È il riflesso del passaggio dall'unità religiosa alla fede vissuta come traccia individuale.

Ma non regge al fanatismo della verità: questi, non conosce la tolleranza.

E incombe, dai nuovi pulpiti.

Come il cavaliere attraversa saldo nella sua armatura di fede il dramma della morte e l'incombere del male, così, l'uomo che l'arte del Nord immagina è figura della solitudine e del sacrificio, eroe della lotta: l'unico affidavit è riposto in se stesso.

Dürer intuisce, come ogni vero artista, l'avvento di un modello diverso di umanità: più libera, cosciente.

Ma è consapevole che questo modello richieda la ricostruzione di principi guida, di un'identità che dall'individuo passi alla dimensione collettiva: ecco la crisi.

La città, sul picco della montagna, è un enigma lontano, silenzioso.

Il cavaliere, meditabondo nella sua dignità di spada e di obblighi, segue il cammino e i suoi pericoli.

Li attraversa, non li teme.

Perché ne riconosce l'essenza: è identica alla sua.

Uno stanco mendicare che ha solo l'apparente baldanza muscolare di un cavallo al trotto e l'incosciente vitalità di un cane.

L'esteso simbolismo dell'immagine è anch'esso un barlume inadatto a mascherare il senso di rassegnazione delle tre figure: fiacche comparse in un circo abbandonato al "memento mori".

Come radici senza più terra, abbarbicate sulla roccia.

Dura.

Pesante.

Scenario estremo che nulla potrà accogliere.

Albrecht Dürer (1471 - 1528): "Il cavaliere, la morte e il diavolo",
1513, Staatliche Kunsthalle, Karlsruhe (Germany)

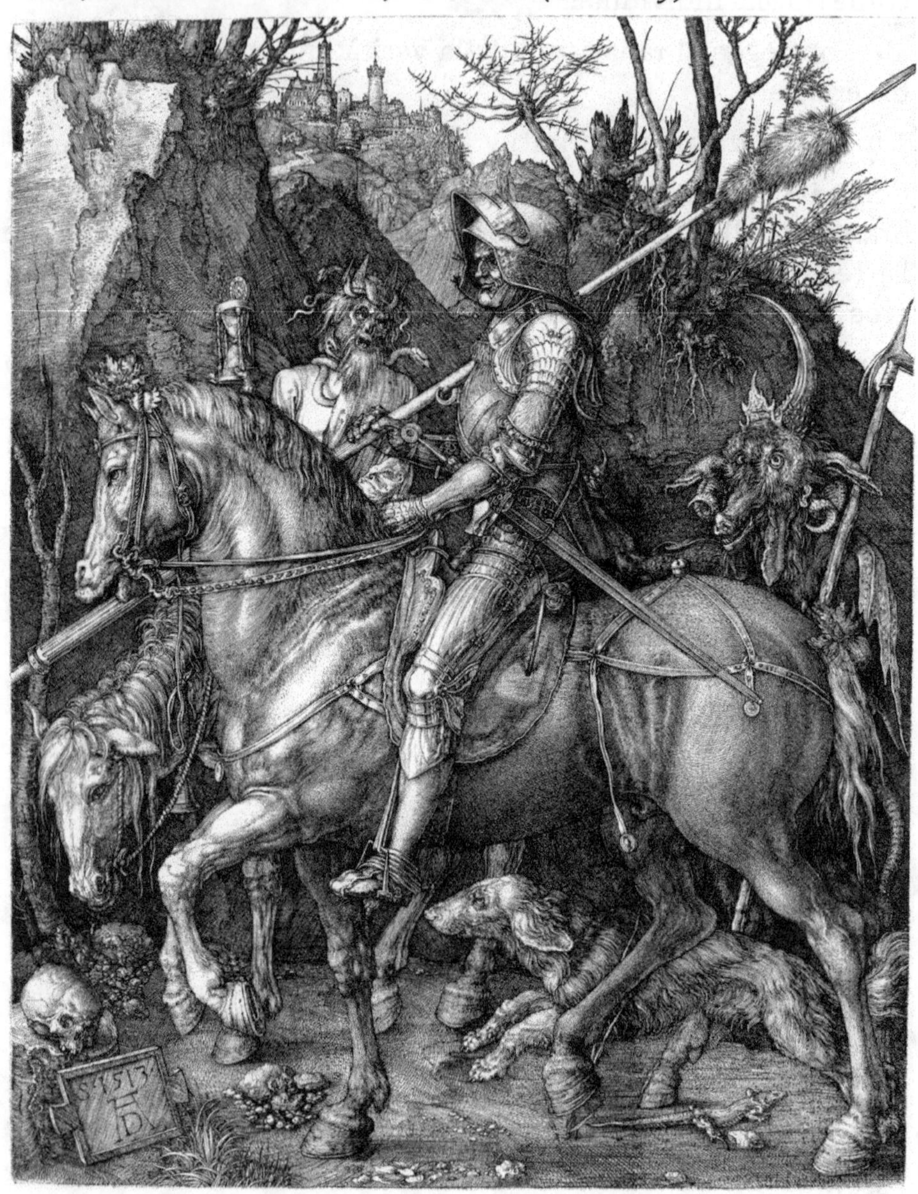

IL CALORE DELL'INFERNO

Non è difficile descrivere un mondo paradisiaco: le immagini possono evocarlo, meglio di ogni frase.

Allo stesso modo, un'espressione pittorica può rappresentare l'inferno con i connotati più biechi.

Ma il primo, per essere efficace, appartiene quasi sempre alla rappresentazione di un paesaggio immacolato, privo della presenza umana.

Il secondo, invece, ottiene maggiore enfasi, fino all'urto, quando prospetta uno scenario invaso dalle vicende umane.

Il tema è religioso.

Dopo aver meditato a lungo, il pittore tedesco Otto Dix, negli anni più cupi del primo Novecento, quelli della coscienza infelice di un'Europa ormai suicida, diede sfogo alla sua visione creativa con due opere, due "trittici", come fossero dipinti di tradizione sacra: la annullano, proprio di questa ne fanno amaro sghignazzo, per suggellare la crisi di ogni etica ridotta a retorica, una retorica ormai improponibile persino in quel richiamo superiore che per secoli trascese la misera condizione del dubbio.

No: questa condizione emerge e s'impone nell'orrore e nella decadenza, salde umane presenze che nemmeno il colore più vivido e il grigiore più oscuro possono velare.

Monito?

Ne dubito.

Rassegnazione?

Forse.

Disgusto e disillusione: sentimenti più congeniali a queste due tracce pittoriche.

Speranza?

Sottesa.

E impronunciabile.

Perchè nessun cenno faccia breccia nell'atrocità e nell'esecrazione.

Fino a che il calore dell'inferno non si avvicini alla pelle del viso e ne accenda gli occhi di lacrime.

Sovvengono le parole di Italo Calvino, tratte da "Le città invisibili" (1972):

«L'inferno dei viventi non è qualcosa che sarà: se ce n'è uno è quello che è già qui, l'inferno che abitiamo tutti i giorni, che formiano stando insieme.

Due modi ci sono per non soffrirne.

Il primo riesce facile a molti: accettare l'inferno e diventarne parte fino al punto di non vederlo più.

Il secondo è rischioso ed esige attenzione e approfondimento continui: cercare e saper riconoscere che e che cosa, in mezzo all'inferno, non è inferno, e farlo durare, e dargli spazio».

Otto Dix (1891 - 1969):

"La grande città", 1927 - 1928, Kunstmuseum, Stoccarda

"Trittico della guerra", 1928 - 1929, Gemaldegalerie, Dresda

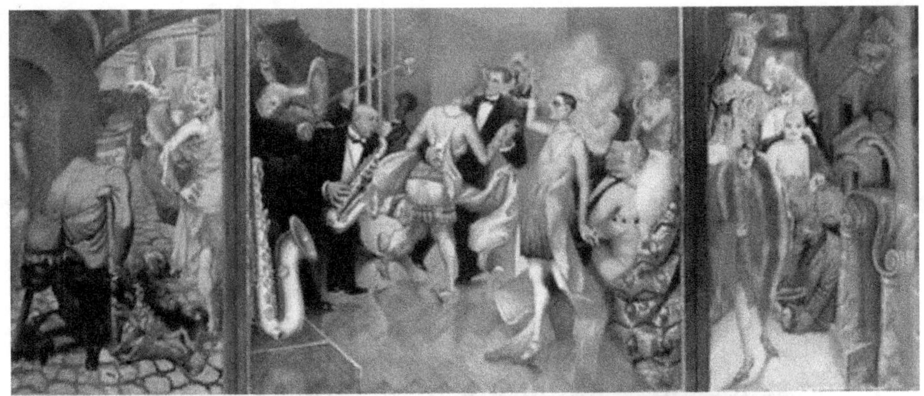

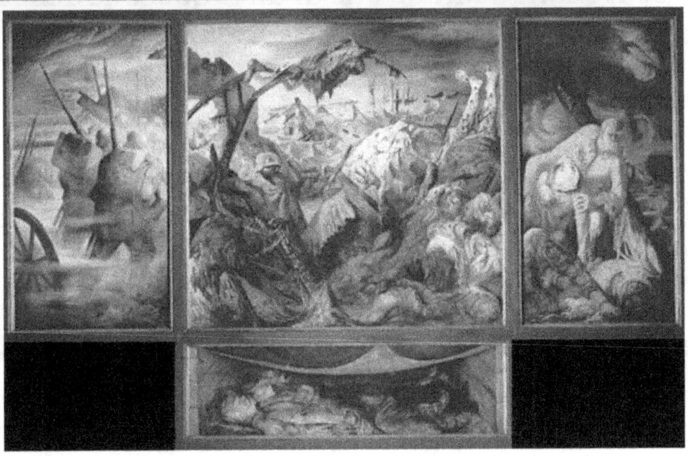

LA REALTA' APPARENTE

Si può ancora oggi, discorrendo d'arte, essere platonici: ridurre la rappresentazione a imitazione di un'imitazione delle idee; oppure, considerare l'espressione artistica un accrescimento delle capacità di conoscenza del reale.

Non ho usato a caso le parole "rappresentazione" e "espressione".

Platonicamente, la rappresentazione imita: la repraesentatio come ri-presentazione di un'immagine, re-ad-praesentare, rendere di nuovo presente.

Espressione, invece, è esprimere da cui deriva expressio che indica lo spremere, il fare uscire qualcosa da qualcos'altro.

Dunque, imitare oppure trarre, trarre da sé, trarre rielaborando il fenomeno sensibile portandolo in una nuova forma alla percezione dei sensi, una forma che non è comune, che non è mera imitazione ma realtà nuova.

Il ritratto di una persona non è quella persona: è un'altra cosa, è un'altra essenza, è il percepito proposto in una nuova forma, è altro anche dall'oggetto imitato.

Lo stile diviene così il modo in cui un supporto (la tela) viene utilizzato per tracciare un segno originale.

Solo chi copia un dipinto imita: imita lo stile mediante la perfetta riproposizione di linee e colori.

Ma il dipinto originale non imita: è!

L'atto artistico è pura creazione di una forma, ma è creazione intertestuale: è il pensiero dell'artista sulla figura divina della Madonna o del Cristo in croce, ma il pensiero dell'artista non è una tabula rasa poiché è costituito da una continua revisione della memoria di tutta la realtà percepibile attraverso i sensi.

Di qui lo stile che è unico.

E che si piega all'interazione comunicativa: atto creativo di un concetto sovrasensibile (l'immagine divina) in una forma comprensibile.

Poiché se chi scrive desidera farsi leggere, chi dipinge desidera farsi guardare.

Ecco spiegata la ragione intrinseca di atto artistico attribuibile anche alle espressioni figurative vissute come banali (si pensi ai rilievi dell'arte longobarda, l'altare di Ratchis e molto altro) e che al contrario occorre definire sintetiche.

Quel sintetismo è coerenza espressiva: da una parte comunica l'essenziale e dall'altra satura ogni argomento sulla impossibile rappresentazione reale del soprasensibile.

Se le cose stanno così, bisogna ammettere che il realismo pittorico e plastico altro non siano che il riflesso stilistico ed estetico di una lunga epoca, un'epoca che dalla fondazione della diffusa civiltà comunale in Italia e nelle aree più sviluppate del continente europeo, si è evoluta anche nelle forme artistiche e nel loro significato.

Quel significato soggiace a ogni segno e non bisogna mai perdere di vista.

L'atto artistico "significa" nello stesso momento in cui "è".

La ri-scoperta della prospettiva è dunque un fatto significativo oltre che di stile della rappresentazione.

Può risultare utile un esempio.

Quando Piero della Francesca (1416-1492) dipinge "La flagellazione", in una data incerta a cavallo del 1453, anno della caduta di Costantinopoli e dell'eclissi dell'Impero bizantino, non usa la prospettiva per un afflato geometrico ma per collocare due eventi distinti nello spazio pittorico, assegnando, di riflesso, all'organizzazione prospettica degli spazi un significato simbolico specifico.

A sinistra, la scena della flagellazione con Pilato vestito come l'imperatore bizantino – chiara comparazione concettuale tra le due figure, mentre il riferimento non è chiaro se possa essere attribuito a Giovanni VIII Paleologo oppure a suo figlio Costantino XI – mentre uno sconosciuto ripreso di spalle, vestito come un turco – forse è Maometto II, forse è suo padre Murad II che ad un passo dalla conquista di Costantinopoli decise di desistere - assiste alla scena ma accenna con la mano un gesto che potrebbe essere di clemenza ovvero potrebbe anche connotarsi come atteggiamento di potere verso il Cristo - quindi verso il simbolo della cristianità rappresentata dalla città bizantina - sottoposto alle pene inflitte da due carnefici.

La scena è posta a Gerusalemme, dunque è vissuta nel passato che si trasfigura nel presente attraverso una simbologia che non ha nulla da invidiare a quella, rinomata, medievale.

Non è un caso che a dipingerla sia Piero della Francesca.

La simbologia si riafferma nella scena posta a destra, nella quale, sullo sfondo di un paesaggio urbano, probabilmente italiano e visto di scorcio, tre figure sembrano assorte in una conversazione di alto profilo (citazione del tema delle conversazioni sacre): forse la metafora delle inutili discussioni in Occidente, a Ferrara e poi a Firenze, nel 1436, durante il Concilio che avrebbe dovuto sancire la riunificazione delle chiese scismatiche e la riedizione di una crociata per respingere gli ottomani e salvare Costantinopoli – simbolicamente anch'essa uno dei centri della cristianità in Oriente, area dove la fede era sorta – ovvero la trattativa tra un diplomatico di alto rango (a sinistra, forse il cardinale Bessarione) e un "signore" italiano (siamo in epoca di dominatori combattenti nei novelli stati signorili italiani, da Federico di Montefeltro a Sigismondo Pandolfo Malatesta e Francesco Sforza, solo per citarne alcuni) che dovrebbe assumere il ruolo di difensore della cristianità.

In mezzo a loro, un giovane sembra ascoltarli assorto, ha lo sguardo lontano: forse il "Porfirogenito" (porta un abito rosso porpora ed ha un atteggiamento regale, di cortese distacco) che avrebbe dovuto riassumere per diritto dinastico il trono di Bisanzio.

Ecco, in questa semplificata ricostruzione del significato di un dipinto, sul quale si sono arrovellati e continuano a farlo illustri studiosi, c'è tuttavia l'esempio di quanto simbolismo si affermi in esso e come la dimensione prospettica funga da "macchina del tempo" traslando l'evento contemporaneo in uno spazio-tempo intrecciato, come in due piani sequenza sovrapposti, usando con formidabile maestria l'atto di sintesi delle immagini sul supporto bidimensionale.

La pittura del '400 non sfonda la terza dimensione ma fonda un linguaggio per immagini del tutto nuovo, una sintassi diversa che aveva bisogno di una grammatica diversa, parole nuove per parlare a un tempo nuovo, parole che cambieranno nel corso dei secoli ma che fermano l'attimo e lo colgono.

Certamente, questo nuovo linguaggio è misura della potenza espressiva che la tela rivela fissando un punto di vista obbligato ma potenzialmente infinito.

Eppure, non c'è nulla di progressivo in questo, non c'è un mondo in via di maturazione ma artisti che segnano la contemporaneità e la tramandano a un pubblico che oggi si pone annose domande sul significato.

Mentre, all'epoca, tutto era ben chiaro o volutamente ambiguo per essere compreso solo dalle élite cui la raffigurazione era destinata.

Se nell'arte si pone, gerarchicamente, un presente perennemente superiore al passato, non rimarrà nulla di essa.

Ogni atto artistico è contemporaneo, segna il proprio tempo.

E solo in questa dimensione deve essere riletto e rivisto.

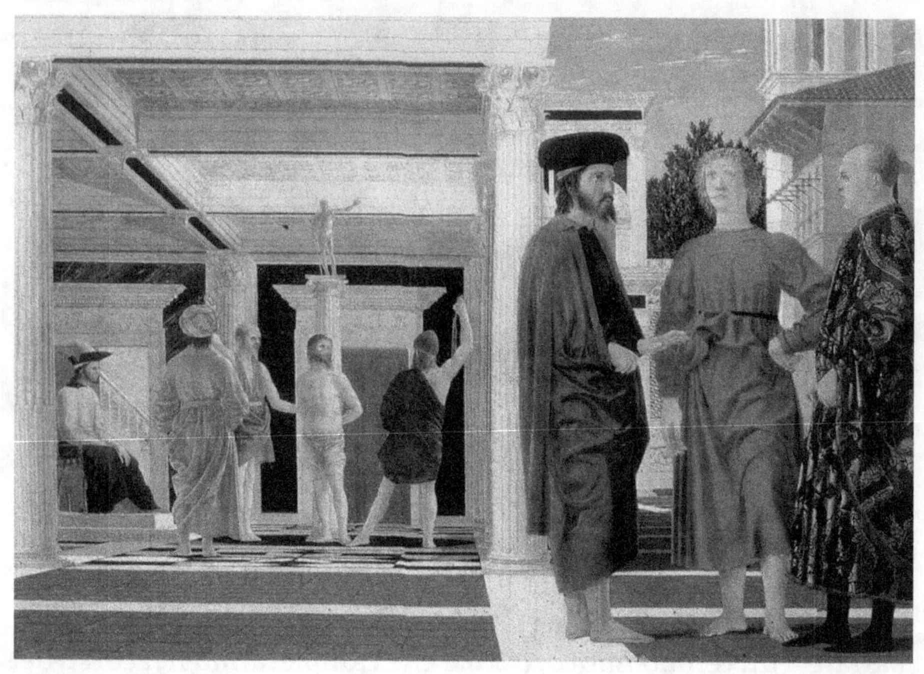

IL DISEGNO DELL'ANIMA

Marie Therèse Walter è la giovane donna che Picasso conobbe ormai maturo quarantenne.

Fu una relazione intensa, fondata su un'asimmetria feconda per il pittore andaluso: trovò la musa ispiratrice di una visione estetica ed erotica nella quale il concetto di trasfigurazione diventava esperienza di trasformazione dell'artista.

Picasso si lasciava attrarre dalla forza della rappresentazione, un segno che sorge nella coscienza come riflesso indipendente dell'atto creativo, successivo a questo, sconosciuto allo stesso artista.

Il fenomeno si compie in modo analogo per la figura di donna che specchiandosi mette alla prova se stessa, ricostruendo un rapporto sempre nuovo tra l'immagine mentale del proprio corpo e l'impressione che questo suscita nel processo della visione.

È il lavacro della coscienza nella quale ragione ed emozione convivono, finalmente, a viso aperto, come la luce inesorabile che traccia una presenza.

Osservando Marie Therèse allo specchio, il pittore coglie lo spirito che trascende la figura e lascia emergere la verità interiore: la scomposizione dell'immagine è strumento d'espressione, diventa simbolo, si trasforma in icona di un significato.

È questo il tratto che accomuna tutta l'opera di Picasso nel corso della sua lunga carriera.

Pablo Picasso (1881 - 1973): "La ragazza allo specchio", 1932,

MoMA, New York

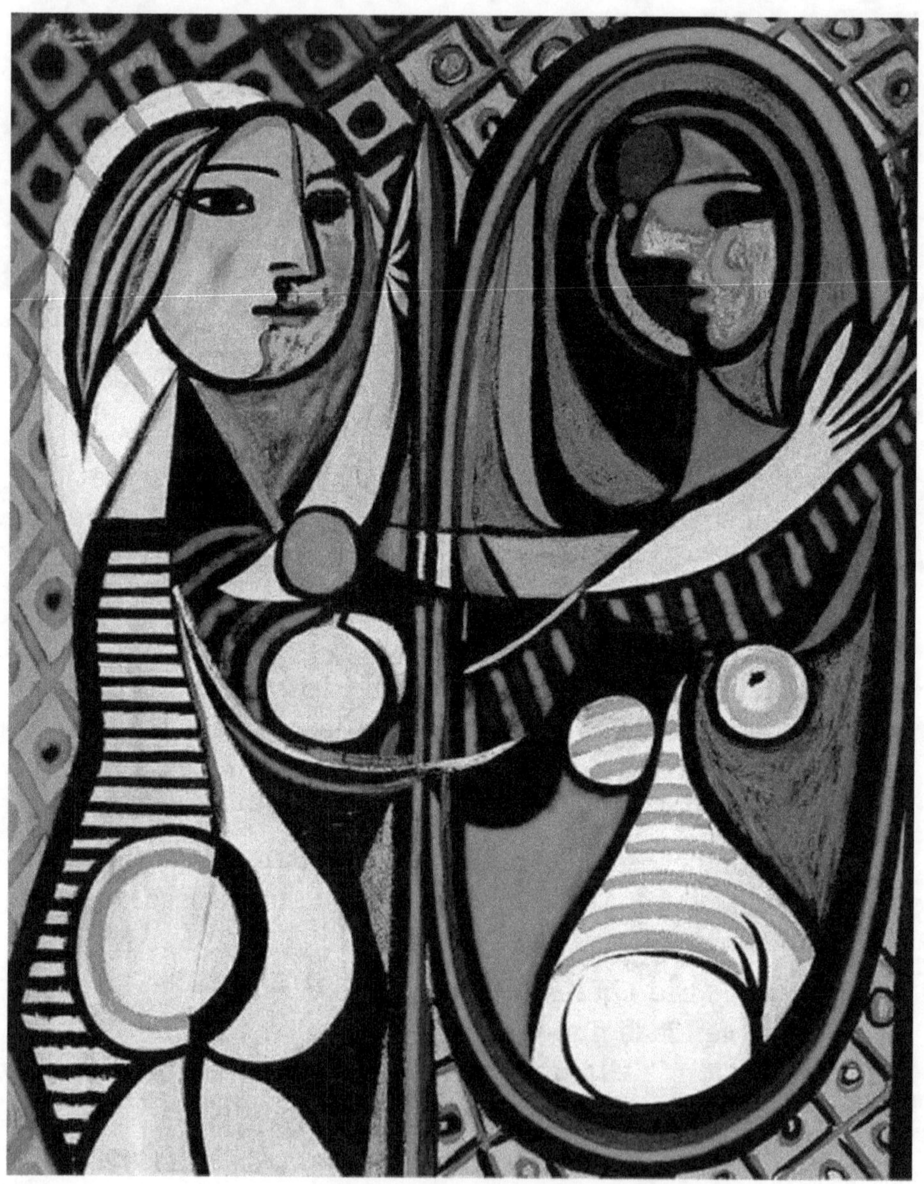

POLISEMIA

L'opera d'arte è sempre un segno indefinito, aperto, incostante.

Non riveste rilievo assoluto l'intenzione dell'autore.

Può essere arbitrario e forviante anche il titolo.

Non è necessaria nemmeno la biografia dell'artista.

Infine, non conta neppure il tempo e le vicende che accompagnano la stesura del testo pittorico.

Questo, si anima di un inconscio insondabile sia all'autore che all'osservatore: una traccia talmente profonda che può essere lambita fino alla soglia.

E non oltre.

Così, la "lettura" di un'opera è abbandono del già noto e apprezzamento dell'ignoto.

Il mistero di un volto, di un'espressione, di un gesto, delle cose, appartiene a un'ermeneutica che si rinnova, "esistenza sempre ricominciata": frase formidabile di Maurice Merleau-Ponty nella descrizione della pittura di Paul Cézanne.

Dunque, anche nei ritratti di Hayez, la loro descrizione distintiva appare insoddisfacente: si coglie qualcosa che la supera e la rende superflua.

Mentre si manifesta, tutto il resto tace.

Fino al prossimo sguardo.

Francesco Hayez (1791 - 1882):
"Malinconia", 1840/41, Pinacoteca di Brera

"Pensiero malinconico", 1842, collezione privata
"La Meditazione", 1851, Galleria d'Arte Moderna, Verona

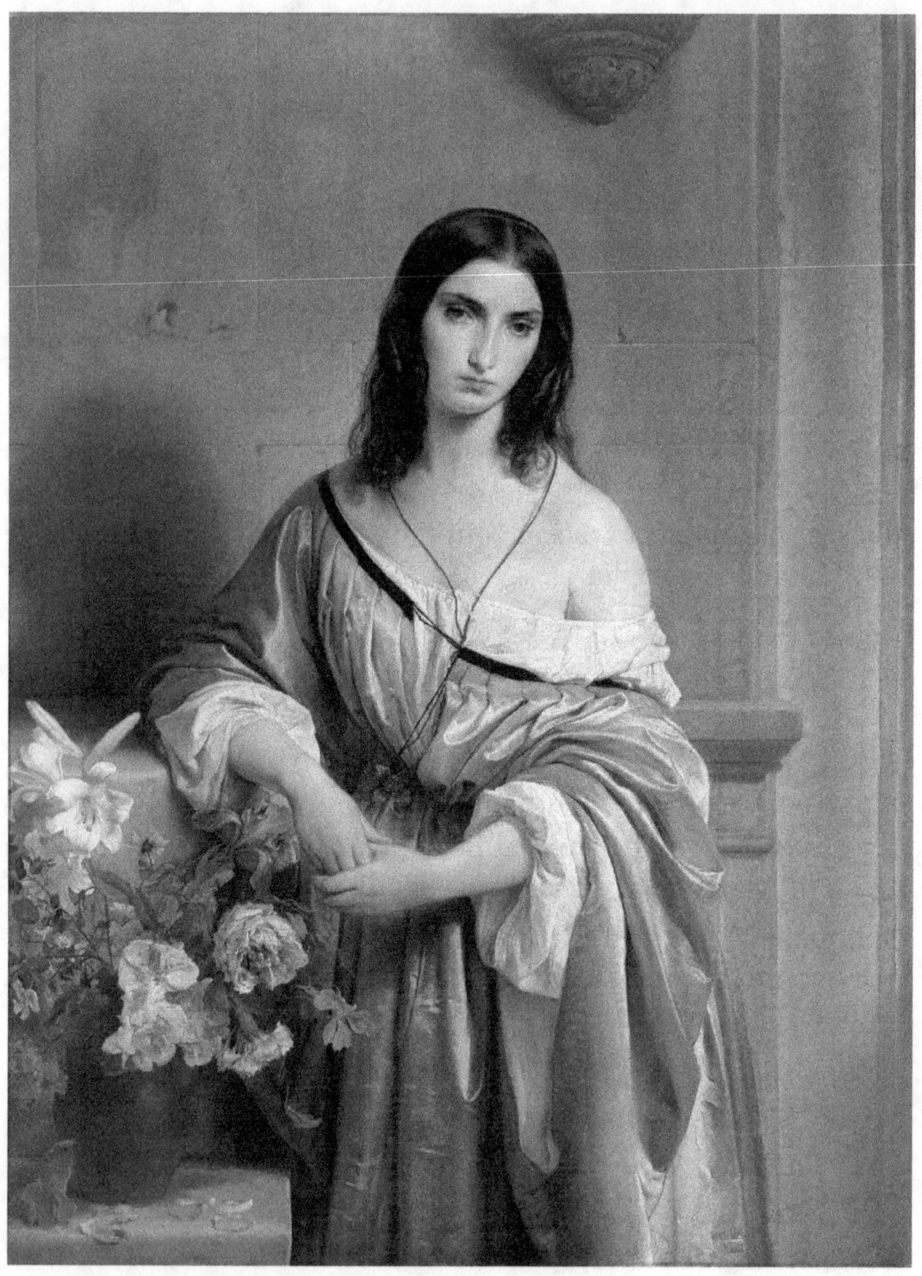

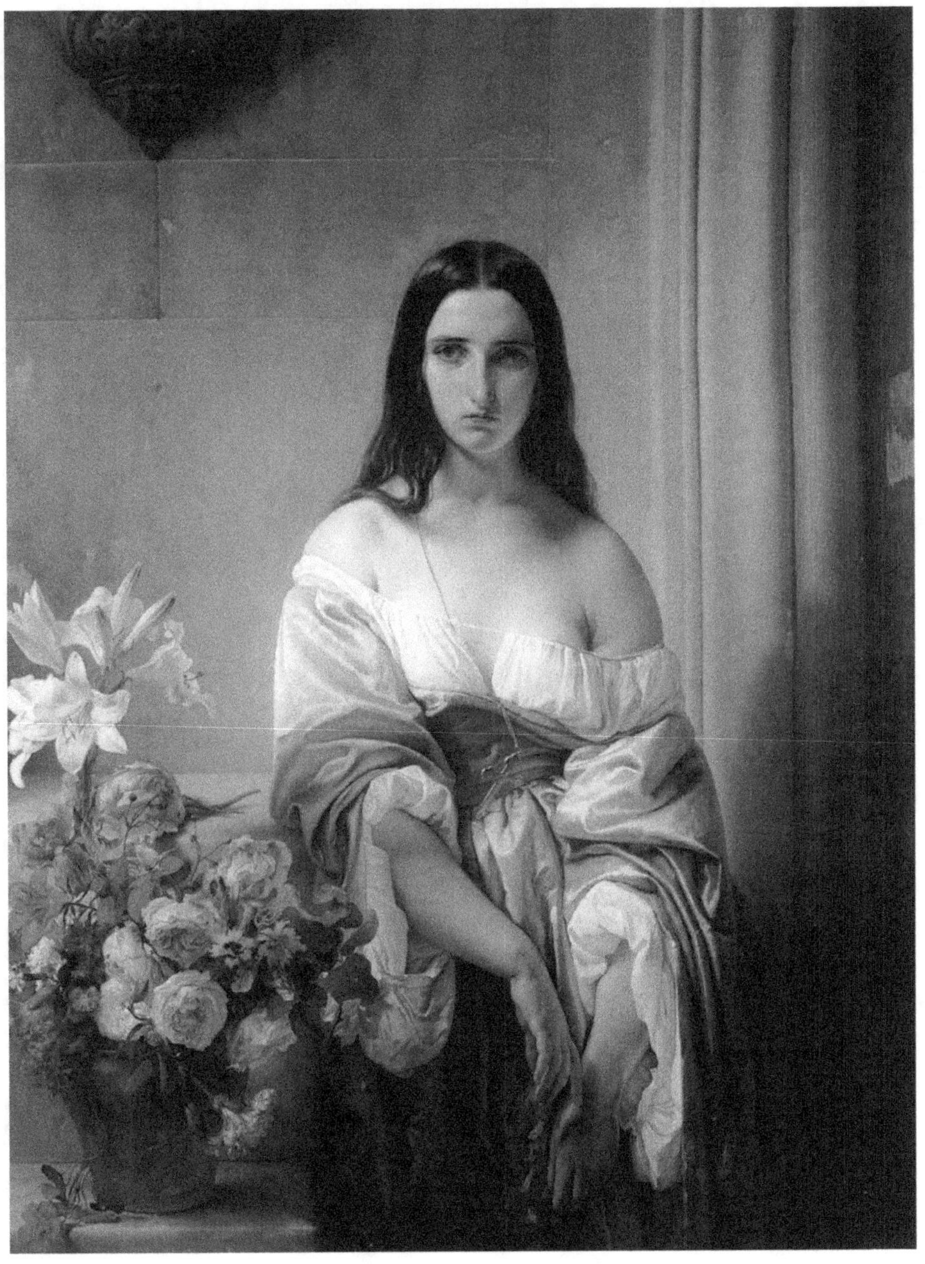

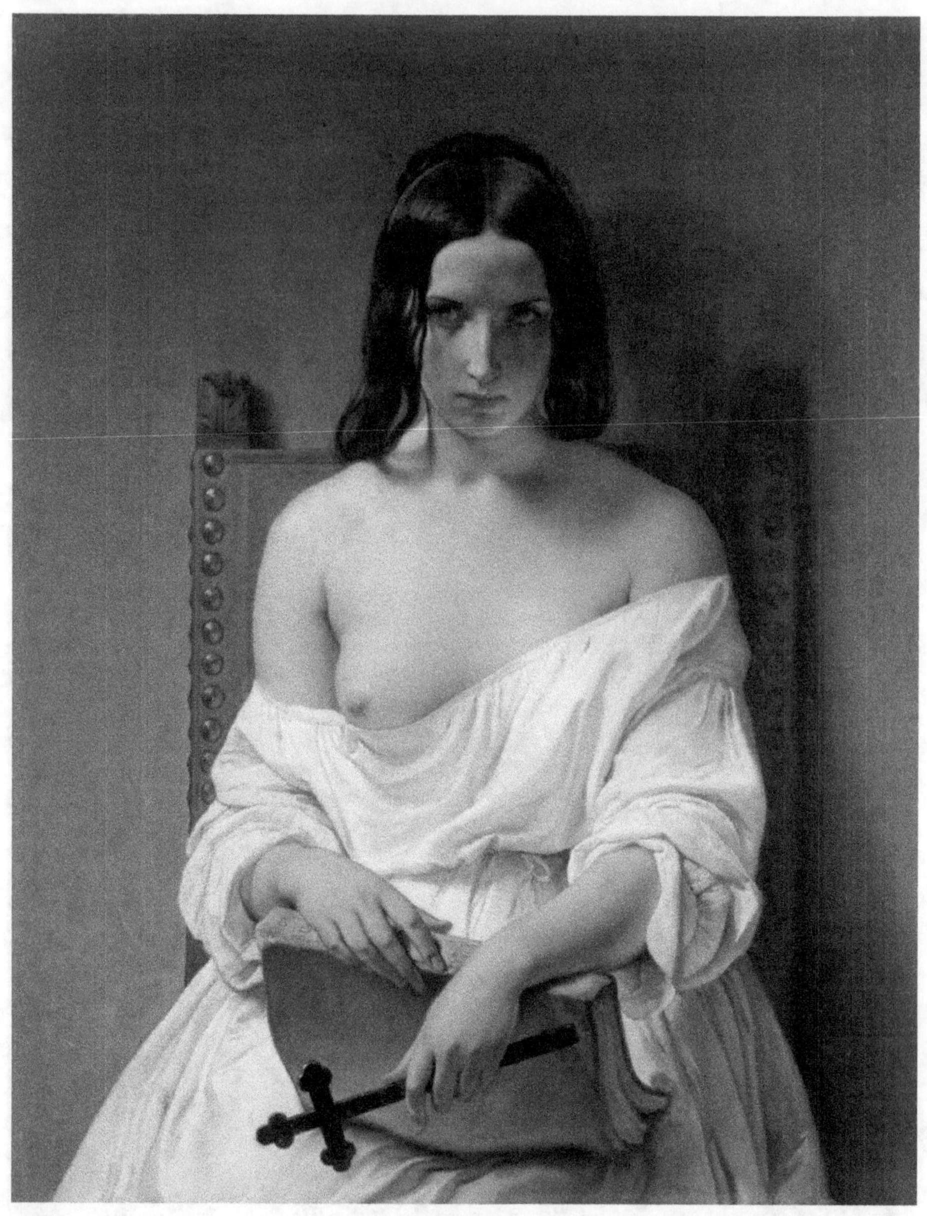

COMPLICITÀ

Non si può che amare l'Impressionismo.

Non costituì un percorso comune a tutti gli artisti che se ne sentirono parte.

E che furono, inizialmente, contestati e sottoposti al dileggio di un pensiero critico incolto e gretto.

Eppure, ciascuno di loro contribuì a rendere il pensiero sull'arte molto più libero, popolare espressione della vita, in un lungo periodo di pace e di prosperità, non a caso rimasto nella storia sotto l'appellativo di "Belle Époque".

Da sempre, l'arte anticipa il proprio tempo, come voce trascurata capace d'imporsi nell'immediato futuro.

Narra e scorge segni non meditati.

Supera l'emozione e fonda il sentimento, la temperie culturale di generazioni.

Lasciandone immutata memoria.

Così, nulla può mettere in forma espressiva il sentimento di quelle donne e di quegli uomini, come fecero gli artisti innovatori negli anni che precedettero e inaugurarono il XX secolo.

Renoir, tra questi: abbandonata ogni retorica, rese l'osservare il riflesso profondo dell'apparire, nella lunga gestazione dell'istante ormai soggiogato dall'impressione.

Questa, fonda ogni atto, lo guida, lo caratterizza.

Ma, in Renoir, testimonia che oltre il momento, cangiante multiforme, incessante, esiste la percezione meditata dell'eternità dell'attimo.

Che mai smetterà il suo sguardo su ciascuno di noi.

Pierre-Auguste Renoir (1841 - 1919): " Danse à la campagne" (Ballo in campagna), 1883, Musée d'Orsay, Parigi

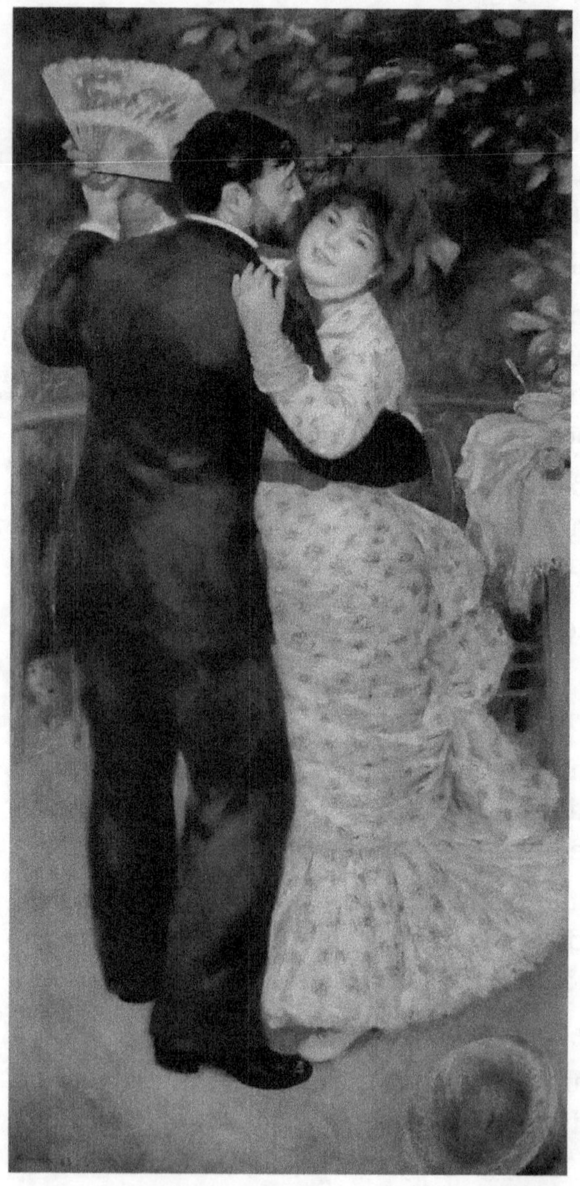

L'AUTONOMIA
DELLA FAVOLA

Il primo sguardo riporta ad un mondo di favola: avverto il senso vitale dell'affabulazione, l'estraniarsi dal quotidiano per accedere ad un improvviso "fantastico" che, attraverso la libera contaminazione del colore, irrompe e assorbe ogni dramma, riaprendo porte dimenticate dell'infanzia perduta dove tutto è netto, semplice, comprensibile, giustificato.

Le immagini dell'infanzia, coltivate nel tempo come intuizione primigenia, sono il simbolo del carattere solare e aperto con il quale si guarda la realtà dalla singolare e non più ripetibile prospettiva dei primi anni di vita, quando la consapevolezza dell'essere si trasforma in curiosità sull'essere.

Quando conoscere significa interrogarsi.

Quando le figure e gli oggetti sono sfumati, appena identificabili in tratti sintetici che colgono un atteggiamento, un ruolo, una funzione, l'essenza.

Il ricordo ha colori forti ma morbidi, mischiati, irreali e tuttavia carichi di senso espressivo, in una transizione che appare naturale, dal blu al rosso al giallo al verde al nero e al bianco, uniti e disuniti, affiancati senza ricercatezza di tonalità ma ispirati dalla densità e dalla prolungata applicazione delle pennellate di colore puro, piatto, senza sfumature... Ho detto pennellate parlando di ricordi.

Ecco il lapsus che mi fa riemergere: parlavo dei ricordi ma ero entrato nel dipinto.

Avrei desiderato essere lì.

I "Fauves" utilizzarono il colore per distorcere il reale applicandolo agli scenari naturali, alle figure, agli oggetti, senza alcun rigore accademico.

Era il loro modo di protestare l'assoluta libertà dell'artista e l'autonomia della creazione artistica.

In senso più ampio, quella dei "Fauves" fu una forma di espressionismo che trascendeva l'atto di ribellione, identificando nell'uso spregiudicato del colore un nuovo significato, una nuova regola, un nuovo modo di comunicare.

La tavolozza dei colori, paradossalmente, si semplifica, unitamente al segno sintetico che non ha più bisogno di modelli o della tecnica dell'en plein air perché, come in Gauguin, scaturisce dal ricordo delle immagini, è frutto di una creazione interiore che la tela deve incaricarsi di rappresentare.

Ed è il colore a colpire subito l'osservatore: possiede un'armonia, una musicalità che supera ogni distrazione verso il reale.

Anzi, la realtà non esiste più perché è quella di una dimensione nuova, una dimensione nella quale l'opera pittorica è identità autonoma, distinta dai canoni tradizionali della visione e della rappresentazione.

Ecco: la tela di Derain è una favola.

Andrè Derain (1880 - 1954), "Curva della strada. L'Estaque" – 1906, Houston, Museum of Fine Arts

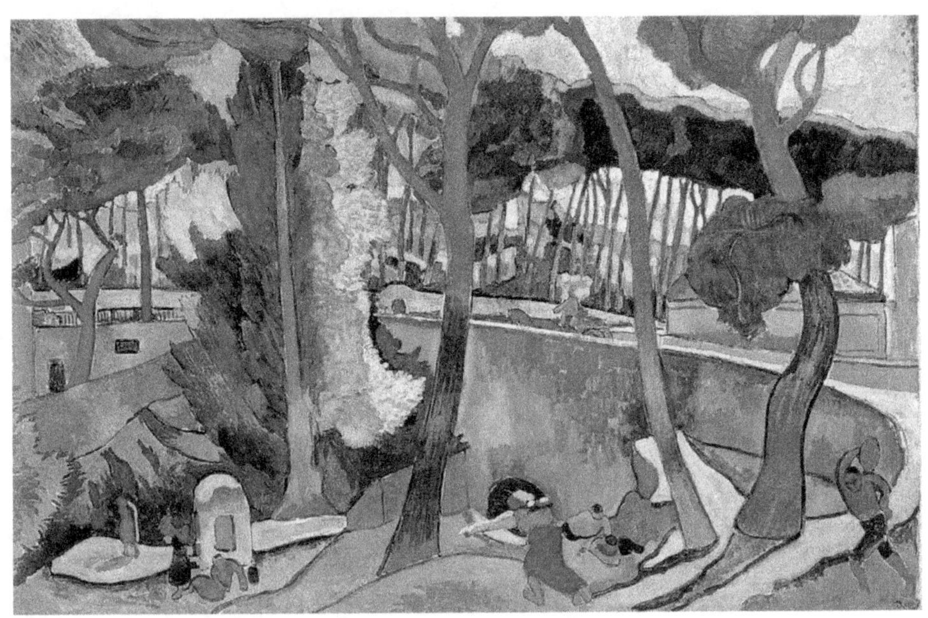

PARADIGMI

Tre dipinti.

Medesimo soggetto.

Identico autore.

Eppure, la scena muta: nell'ultima, scompaiono i due "ladroni".

E nelle prime due, non sono in croce: il simbolo appartiene a Cristo.

Fatta questa constatazione, banale, evidente, il pensiero corre altrove.

S'innesta sul tema dei paradigmi, modelli interpretativi nei quali la cristianità, come religione e tradizione, espressione antropologica e riflessione culturale, s'è fatta storia.

I vangeli sinottici narrano la predicazione di Cristo.

Il vangelo di Giovanni è già un'interpretazione che fonda la teologia sulla figura di Gesù: la forma del linguaggio attribuito al Redentore appare fin subito differente, aulica, profonda.

Dunque, già i Vangeli mettono in luce paradigmi diversi, segnando il corso del pensiero cristiano lungo direttrici che riflettono la molteplicità delle espressioni.

Questo spiega la storia e consente di capire l'arte dedicata al culto, collocandola nella temperie degli eventi.

Così, Antonello da Messina vive gli anni di culmine dell'arte sacra occidentale, tra la monumentalità iconica di Piero della Francesca, la pittura tonale veneta, le influenze fiamminghe.

Nuovi paradigmi.

Nuove interpretazioni.

Eppure, nonostante sia palese il crogiolo nel quale sobbolle, il pensiero cristiano giunge fino a noi, fino al tempo di un nuovo paradigma, quello della modernità.

Una sorta di miracolo.

Giustificato da un esempio: il sole non ha mai mutato la sua essenza e la sua collocazione, trapassando dalla teoria tolemaica a quella copernicana.

In fondo, questo è il segno lasciato della teologia di Hans Küng.

La storia si fonda sugli uomini.

Il senso della religione, pur bistrattato e manipolato, riemerge, sempre, nella sua identità originaria.

Questo richiamo ci permette ancora di ammirare, tra le molte altre, anche le opere di Antonello da Messina.

E di riflettere.

Sul passato.

E sul presente.

Antonello da Messina (1430 - 1479): "Crocifissione", 1460, Museo Nazionale Brukenthal, Sibiu (Romania); "Crocifissione", 1475, Musée Royal des Beaux-Arts, Anversa; "Crocifissione", 1475 (data incerta), National Gallery, Londra

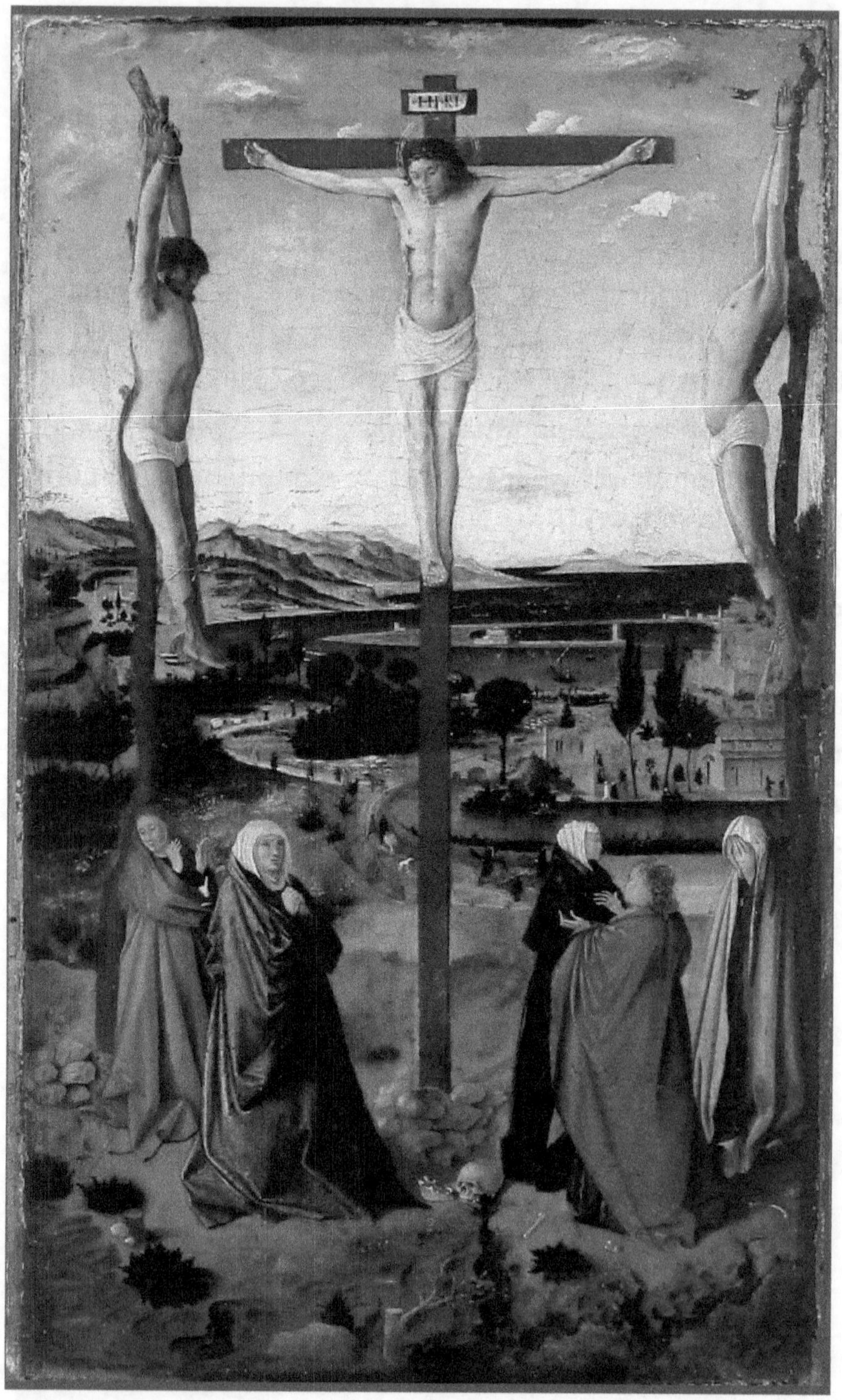

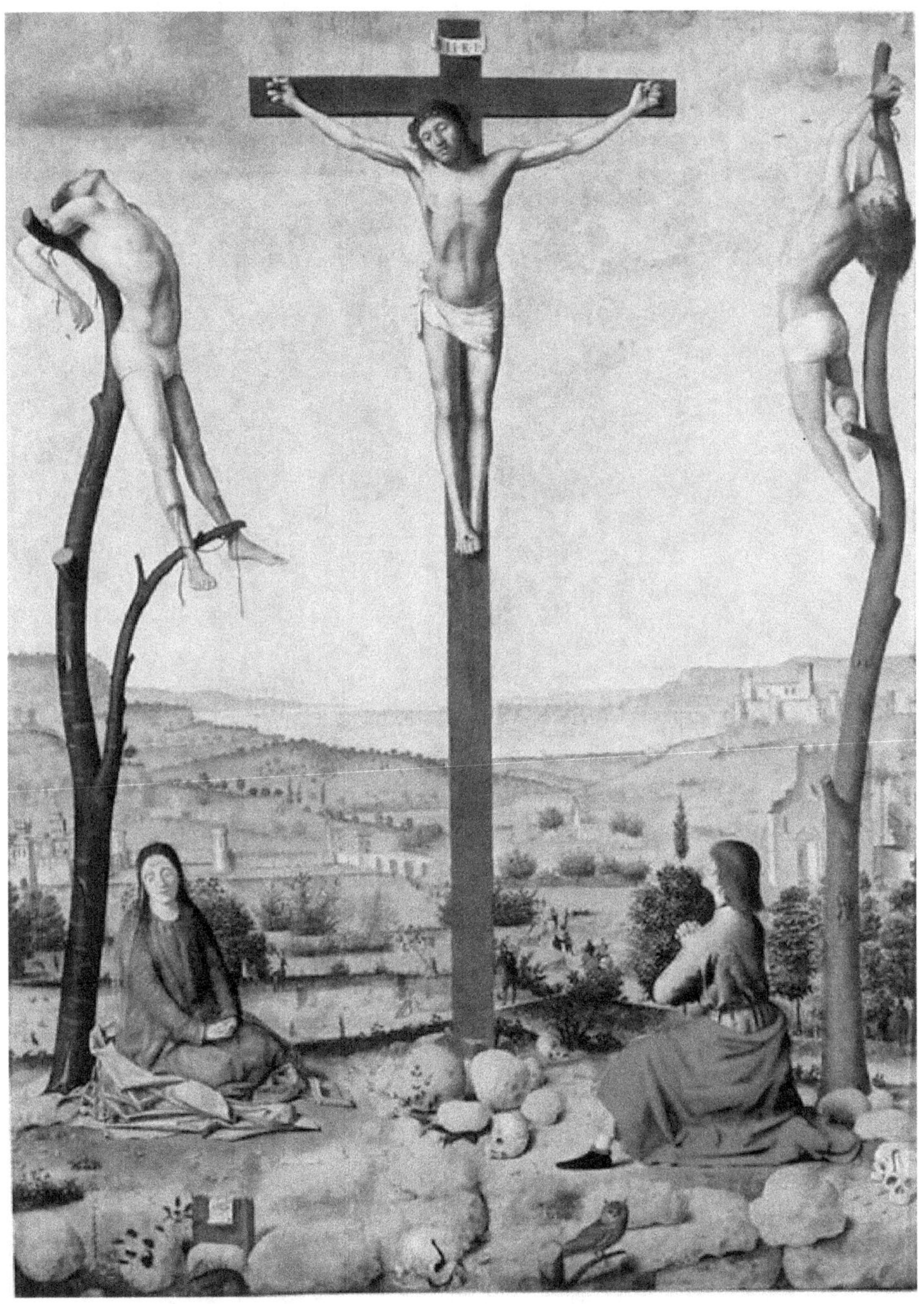

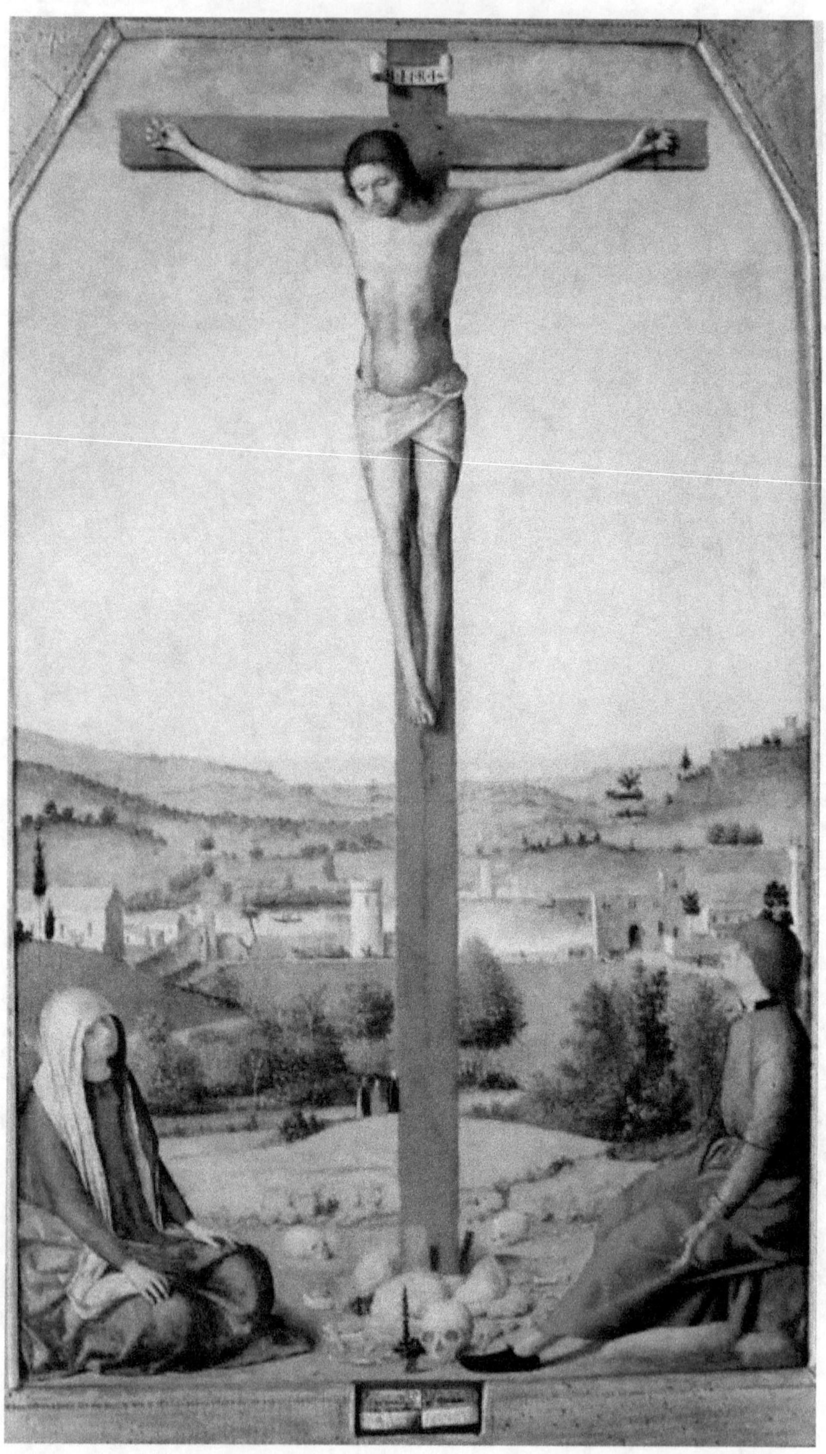

TRACCIA CHE RACCONTA

Nel Museo archeologico di Vibo Valentia è custodita una delle più cospicue laminette orfiche che sia mai stata rinvenuta, prezioso reperto scaturito dalla tomba numero 19 dell'area sepolcrale ubicata nel centro urbano dell'antica Hipponion.

Scrivendo il mio "Le streghe di Shakespeare, il racconto di un romanzo", ambientato in Calabria, proprio a Vibo, l'ho incastonata come "traccia che racconta": il thriller viene risolto e il velo che avvolgeva una scomparsa muta è lacerato per fare luce.

L'iscrizione sulla laminetta è monito sul significato della memoria, è vittoria sulla morte.

La fine delle cose non è mai tale se la parola e l'esempio, il richiamo e la citazione, rompono il silenzio.

La ripropongo qui, nella traduzione autorevolissima di Giovanni Pugliese Carratelli, tra i più insigni studiosi dell'antichità.

"A Mnemosyne è sacro questo (dettato): (per il mystes)
quando sia sul punto di morire.
Andrai alle case ben costrutte di Ade: v'è sulla destra una fonte accanto ad essa si erge un bianco cipresso; lì discendono le anime
dei morti per avere rifrigerio.
A questa fonte non accostarti neppure ma più avanti troverai la
fredda acqua che scorre dal lago di Mnemosyne: vi stanno innanzi
custodi ed essi ti chiederanno, in sicuro discernimento,
che mai cerchi attraverso la tenebra dell'Ade caliginoso.
Dì: «(Son) figlio della Greve e del Cielo stellato di sete
son arso e vengo meno... ma datemi presto da bere la
fredda acqua che viene dal Lago di Mnemosyne».

*Ed essi son misericordiosi per volere del sovrano degli Inferi e
ti daranno da bere (l'acqua) del Lago di Mnemosyne; e
tu quando avrai bevuto percorrerai la sacra via su cui
anche gli altri mystai e bacchoi procedono gloriosi"*

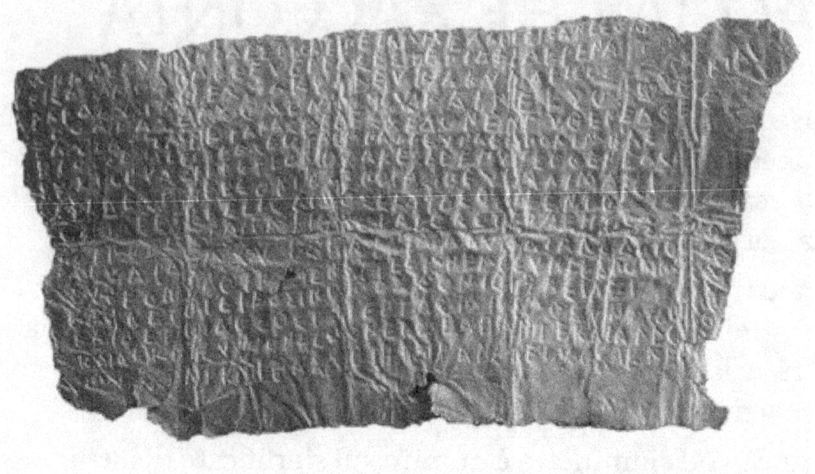

FARE MONDO

Accadde, alla pittura, di abbandonare l'idillio artificioso dei palazzi e dei "salon" per incrociare la vita nel suo brulicare, la società in tumultuosa trasformazione dalla seconda metà dell'Ottocento in avanti.

Lo sguardo degli artisti osservò, per la prima volta, la distanza della tela dalla realtà: non più l'idea, è l'occhio che fa mondo.

Così, nacque l'Impressionismo.

Era solo l'inizio.

Nulla divenne sufficiente.

L'esigenza di "svelare" aprì varchi rimasti nascosti sotto l'aura conservatrice: dall'immagine ideale all'immagine sensibile, il viaggio compì il suo periplo fino al ritorno in un mondo ormai mutato.

Da quel momento, il respiro della libertà fu così saturo di elementi nuovi per l'artista, da imporgli un'esigente relazione con la verità: la natura, il movimento, la luce, dovevano applicarsi a un contenuto altrettanto certo.

L'emergere della realtà condusse a riconoscere temi inattesi.

Tra questi, l'errore strutturale e cinicamente ingenuo del modello capitalista imperante: considerare le diseguaglianze come effetto di un valore da esaltare e di una colpa da scontare.

L'artista comprese che la pittura dovesse trovare luogo, sempre, in un "Salon des Refusés" e non più negli spazi d'accademia.

In Italia, nella scia di Giovanni Segantini e di Gaetano Previati, il giovane Giuseppe Pellizza da Volpedo ebbe ben chiara la nuova "prospettiva" della pittura: come, nel '400, quella allungò lo sguardo dell'osservatore, questa, nel suo tempo, doveva risolversi nella profondità dei sentimenti.

E, ancora una volta, fare mondo.

[...] passa la Fiumana dell'umanità, genti correte [...]

Giuseppe Pellizza da Volpedo (1868 – 1907): "Il quarto stato", 1898/1901, Museo del Novecento, Milano

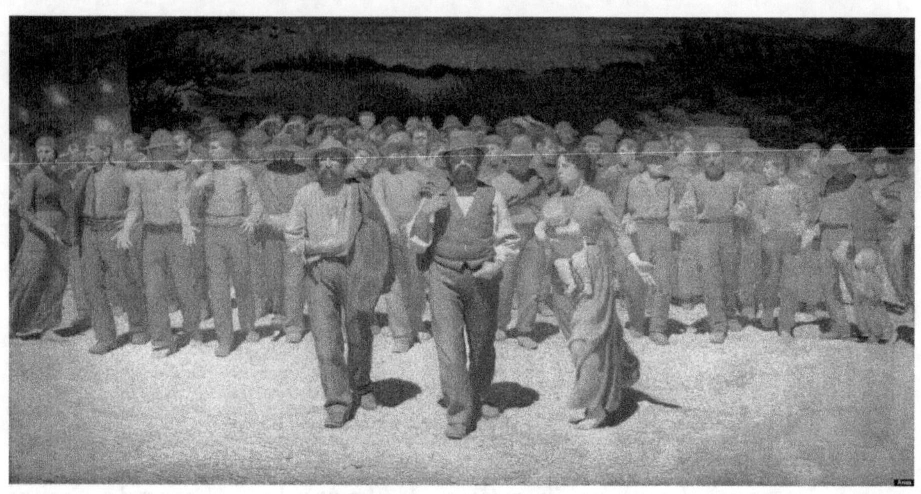

INFORMAZIONI SULL'AUTORE

Gianpiero Menniti

Nato a Catanzaro il 23 marzo 1969.

Per oltre un ventennio, dal 1995, è stato dirigente d'azienda. 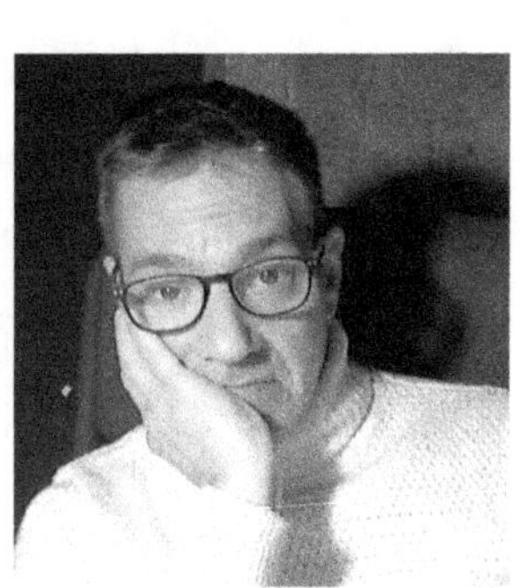

Giornalista pubblicista dal 2012, ha conseguito tre lauree con il massimo dei voti: la prima in Comunicazione e le altre due in Beni Culturali.

Figura poliedrica, è appassionato di storia dell'arte ed estetica, architettura e gastronomia, vela e automobilismo, storia e politica, letteratura, economia, organizzazione e comunicazione.

Sempre insoddisfatto, per questa ragione rimane curioso, perennemente dedito alla ricerca.

Come l'Ulisse dantesco, teme di essere destinato all'Inferno.

SHORT ART BOOKS

Short Art Books è una collana di saggistica costituita da brevi testi dedicati alla storia dell'arte e all'estetica delle espressioni artistiche.

Poche pagine, molto dense, caratterizzate da uno stile scorrevole, per descrivere una riflessione che risponda a una domanda, un interrogativo di ricerca.

Sguardi Sull'arte Libro Primo

Sguardi Sull'arte Libro Secondo

Sguardi Sull'arte Libro Terzo

Il Gotico Che Non Ti Aspetti

Questo testo è dedicato alla transizione tra il gotico e il rinascimentale, tradizionalmente considerati "mondi" separati.

L'autore, Gianpiero Menniti, prova a ribaltare questa impostazione teorica, con esempi pratici di opere e di autori e mediante il loro raffronto. Ne emerge un "narrato" intenso e coinvolgente, che invoglia alla lettura.

Donatello E Il Rinascimento Tragico

Questo testo è una monografia dedicata a Donatello, figura emblematica nell'arte del '400, soprattutto per le doti di sensibilità che hanno reso le sue opere il riflesso di una originale e antitetica visione tragica, con la quale l'artista fiorentino seppe vedere e rappresentare le lacerazioni di un secolo di transizione dal medioevo alla modernità, da una visione teologica alle prime espressioni del razionalismo, tra sacro e profano.

LIBRI DI QUESTO AUTORE

Le Streghe Di Shakespeare Il Racconto Di Un Romanzo

Sullo sfondo di una terra di confine nel meridione d'Italia, in Calabria, si consuma il dramma della misteriosa scomparsa di un brillante docente universitario: seguendone le tracce di ricerca, il lettore si troverà a contatto con un mondo inaspettato e una verità sconvolgente. Questo e molto, ma molto altro, è "Le Streghe di Shakespeare".

Giallo psicologico che scava nella natura dell'essere umano.

Avventura interiore della scrittura.

Libro sorprendente, romanzo e saggio allo stesso tempo, che racchiude decine e decine di citazioni inconsuete e un mucchio di altri racconti incastonati, poesie, digressioni che spaziano nei campi della filosofia, della letteratura, della semiotica, dell'arte, dell'estetica, dell'automobilismo, dell'architettura, dell'economia, dell'erotismo.

Romanzo "giallo" avvincente e scabroso, reso in un'ambientazione insolita e con uno stile diretto.

Un testo che conduce il lettore dietro le quinte dell'invenzione creativa.

Un "noir mediterraneo", impudico e perfino turpe, ma dalla trama coinvolgente e originale, incrociata con quella vertiginosa, briosa e policentrica, della sua costruzione.

I personaggi che lo costellano rimarranno nella memoria dei lettori: per la loro personalità, le loro storie, le azioni che compiono. Tutti, in qualche modo, irreparabilmente ghermiti dalle "Streghe di Shakespeare".

Romanzo-saggio d'esordio di un autore dallo sguardo sensibile e acuto, dotato di non comuni risorse.

Sarà Dipingere!

"Il linguaggio della "follia" è dato dalla bellezza di un colore, dalla semplicità di una linea, dalla combinazione di geometrie inconsuete capaci di espressioni visive che rifiutano ogni formulazione razionale, che narrano di un "logos" sconosciuto ma che appartiene alla sublime espansione dei pensieri."
Queste parole introducono bene al viaggio intrapreso in questo testo dedicato alla "rinascita" della pittura contemporanea.
Non mediante una riflessione generica, ma correndo lungo la storia dell'arte attraverso le opere di un'artista rimasta sconosciuta ai più a causa della sua riservatezza e dell'indifferenza ai compromessi: Maria Casalanguida.
I suoi dipinti, a cavallo tra il XX e il XXI secolo, rappresentano un compendio originale dell'espressività artistica contemporanea, un esempio delle possibilità ancora imperscrutabili della pittura.
Così, osservando le sue tele, è nato un saggio che esplora questa forma d'arte finita ai margini del contemporaneo, stabilendo nuovi nessi non solamente con la stessa storia dell'arte, ma con la filosofia, la psicologia lacaniana, la poesia e la letteratura.
Molte le domande.
Altrettanto folte le risposte.
Il risultato non è scontato.
E il testo lascerà il lettore affascinato e incuriosito, grazie a un autore per nulla banale, dotato di un linguaggio diretto e corposo, vibrante di passione e di riflessione.
E grazie a un'artista che incarna perfettamente il senso di un anelito al significato della pittura nel nuovo secolo.
Valgano le parole del poeta Rainer Maria Rilke:
«[...] Io imparo a vedere. Non so perché tutto penetra in me più profondo e non rimane là dove, prima, sempre aveva fine e svaniva. Ho un luogo interno che non conoscevo. Ora tutto va a

finire là. Non so che cosa vi accada. [...]»

Machiavelli Tra Passione E Destino

Niccolò Machiavelli è una figura imprescindibile per il suo tempo.
E' leggendolo "nella sua epoca" che se ne scopre la formidabile acutezza.
Così, quasi per diletto, al termine della lettura di un testo assai celebre, "Il Principe", è nata l'idea di un racconto che sfrondasse il campo da troppe critiche mal poste e dalla cattiva fama del suo autore.
Il testo mira quindi a ricostruire l'effettiva dimensione storica, filosofica oltre che prettamente letteraria de "Il Principe" attraverso un esperimento narrativo che coniuga la ricerca delle espressioni critiche e la loro collocazione di contesto, con la lettura dei brani più significativi dell'opera di Machiavelli strettamente correlati al citato pensiero critico.
In questa scia, il racconto si dipana attraversando le epoche sotto diverse prospettive: quella dello scrittore, Machiavelli, attraverso il suo testo e quelli ricavati da tracce epistolari; quella delle figure più eminenti del mondo intellettuale lungo il corso dei secoli; quella della lettura storica, filosofica, teologica; quella letteraria e del linguaggio; quella dei riferimenti umanistici di Machiavelli ed infine quella dell'autore attraverso un dialogo con un rievocato "Segretario fiorentino".
Non manca al testo un'esegesi dedicata al capitolo XXV de "Il Principe", a fare da modello interpretativo della poetica di Machiavelli in una singolare comparazione con il "De Fato" di Cicerone: comparazione sostenibile non solo sul piano dei contenuti filosofici ma anche politici.
Non difettano comparazioni eterodosse come quella, che spicca, tra il pensiero di Machiavelli e la poetica di William Shakespeare.
Ma anche ricostruzioni circa la genesi del testo ed i contenuti agiografici nascosti ovvero fin troppo evidenti.
Ne emerge la figura di un Machiavelli che non perde l'aura di

scrittore geniale ed acuto, ma che ritrova la sua corretta collocazione nel contesto storico di provenienza, a conferma che un autore è tanto più attuale quanto riesca a raccontare il proprio tempo con limpidezza e consapevole profondità, resistendo al giudizio critico più intensamente detrattivo come a quello più banalmente apologetico.

Il '300 Di Boccaccio E Dei Lettori Del Decameron

Un esperimento narrativo. Il racconto di un intenso viaggio di ricerca. Al cui epilogo il "Decameron" di Giovanni Boccaccio ed il suo stesso autore appaiono stravolti rispetto alla percezione usuale e scolastica. Il testo mira a ricostruire l'effettiva dimensione storica, oltre che prettamente letterario-strutturale ed estetica – quindi non contenutistica - del celebre "centonovelle" di Giovanni Boccaccio, passando attraverso una puntuale ed appassionante ricostruzione dell'esperienza di ricerca, che coniuga il vaglio e l'origine delle fonti e la loro collocazione di contesto con un'analisi dell'orizzonte d'attesa dei lettori trecenteschi, con una disamina delle condizioni dell'urbanesimo italiano dell'epoca ed una valutazione delle strutture socio-economiche, tenendo strettamente correlato ogni aspetto esaminato al pensiero critico che ha accompagnato la lettura storicistica del Decameron.

In questa scia, il testo dipana il suo racconto attraversando i temi principali sui quali Boccaccio costruisce il Decameron: il rapporto tra il suo testo e le fonti alle quali attinge; il rapporto con il pubblico dei lettori/uditori del Trecento; quello della lettura storica, filosofica, teologica; quella letteraria e del linguaggio; quella dei riferimenti pre-umanistici di Boccaccio ed infine quella dell'autore esegeta della letteratura antica, medievale e del suo tempo. Non manca al testo un'esegesi dedicata alla comparazione di una novella del Decameron riletta alla luce della fonte e quindi della sua riscrittura. Affiorano comparazioni eterodosse come quella tra lo stile di Boccaccio e quello dei testi teatrali, ovvero riguardanti il rapporto tra Boccaccio e Dante, tra

Boccaccio e Petrarca, non senza incursioni sulla figura di Guido Cavalcanti. Ma anche ricostruzioni circa la genesi del testo ed i contenuti estetici che correlano la "cornice" e le novelle. Ed infine, il richiamo ad analisi estetico-filosofiche che spaziano da Croce ad Hegel, da Pareyson a Jauss.

Ne emerge la figura di un Boccaccio che non perde l'aura di scrittore geniale ed acuto, ma che ritrova la sua corretta collocazione nel contesto storico di provenienza, a conferma che un autore è tanto più attuale quanto riesca a raccontare il proprio tempo con limpidezza e consapevole profondità, resistendo al giudizio critico più intensamente detrattivo come a quello più banalmente apologetico.